国語授業の改革9

新学習指導要領をみすえた新しい国語授業の提案

「言語活動」「言語能力」をどうとらえるか

科学的『読み』の授業研究会 編

学文社

はじめに

学習指導要領が改訂されました。「国語」では、「構成」「展開」が重視され、「登場人物」等の記述が詳細になりました。「比喩・反復などの表現」も明示されました。全体として「言語」としての国語という方向が前面に出てきています。また、「評価」「批評」「自分の考えを明確にしながら読」むなど、吟味・評価の要素が明記されました。これらの中には、読み研が継続的に提案していた要素と重なるものもあります。

しかし、「登場人物」等の記述がより丁寧になったものの、それらの系統性には大きな課題があります。また、「言語活動」例が明示されたことで、活動主義的な指導が生み出される危険もあります。さらに、現行の「言語事項」を「伝統的な言語文化と国語の特質に関する事項」に変更し、そこに「神話」等を位置づけるなど復古的な要素も出てきています。

私たちは、その新学習指導要領を詳細に分析・検討しつつ、新しい国語授業のあり方を追究していこうと考えています。そこで、『国語授業の改革９』では、「新学習指導要領をみすえた新しい国語授業の提案—「言語活動」「言語能力」をどうとらえるか」をテーマとしました。

第Ⅰ章では、はじめに高木まさき先生と阿部昇の新学習指導要領「国語」についての論考を位置づけました。その上で、新指導要領「国語」のキーワードを検討しつつ、それにかかわる新しい国語授業の提案を行いました。第Ⅱ章では、新指導要領「国語」の「言語活動」例に含まれるキーワードを取り上げ、授業シミュレーションを立ててみました。第Ⅲ章では、物語の授業でどういう国語の力を付けることができるのかを検討しました。第Ⅳ章では、気鋭の研究者の方々に、新指導要領について論じていただきました。

『国語の授業改革』には、その名のとおりこれまでの国語の授業を改革するための糸口がたくさんあります。多くの先生方、研究者の方々に読んでいただき、ご意見・ご批判をいただきたいと思います。

二〇〇九年八月

科学的『読み』の授業研究会代表　阿部　昇（秋田大学）

目次

【問題提起】

1　新学習指導要領「国語」をどう読み解くか
――「言語」「言語活動」「登場人物」「構成や展開」「比喩や反復などの技法」「評価」

阿部　昇（秋田大学）

新学習指導要領が二〇〇八年三月に告示された。その「総則」では、「言語活動」の充実、「言語に関する能力」の育成が明示されている。国語でも「言語」重視の方向が見える。文章の構成・展開や登場人物に関する記述の増加、比喩・反復等の技法への着目など、書かれ方・表現等を重視する方向が見えている。

この稿では、新学習指導要領「国語」の「言語」重視の在り方について検討していく。今回、より変化が明確に見える文学の「読むこと」領域を手がかりとしながら、評価できる点と問題となる点を指摘しつつ、これからの国語科教育がめざすべき方向について考えていく。

1　新学習指導要領「国語」の文学に関する変化

新学習指導要領「国語」の文学の物語・小説にかかわる「読むこと」領域の「内容」には、いくつかの特徴がある。

物語・小説の「登場人物」については、現行は小中を通して「登場人物の心情や場面についての描写など、優れた叙述を味わいながら読むこと」（小5・6）という記述があるだけである。しかし、今回の改訂では、「登場人物」にかかわる記述が小中の全学年に、次のように位置づけられた。（以下、傍線阿部）

小1・2　「場面の様子について、登場人物の行動を中心に想像を広げながら読むこと」

小3・4　「場面の移り変わりに注意しながら、登場人物の性格や気持ちの変化、情景などについて、叙述を基に想像して読むこと」

小5・6　「登場人物の相互関係や心情、場面についての描写をとらえ、優れた叙述について自分の考えをまとめること」

中1　「場面の展開や登場人物などの描写に注意して読み、内容の理解に役立てること」

中2　「文章全体と部分との関係、例示や描写の効果、登場人物の言動の意味などを考え、内容の理解に役立てること」

中3　「文章の論理の展開の仕方、場面や登場人物の設定の仕方をとらえ、内容の理解に役立てること」

また、「構成」「展開」についても、現行の中学校の「読むこと」領域では、「文章の構成や展開を正確にとらえ」（中1）るという記述があるだけだが、今回の改訂では中学校の全学年に明示された。

中1　「文章の構成や展開、表現の特徴について、自分の考えをもつこと」

中2　「文章の構成や展開、表現の仕方について、根拠を明確にして自分の考えをまとめること」

中3　「文章を読み比べるなどして、構成や展開、表現の仕方について評価すること」

小学校については、「構成」は、現行・改訂ともに「事項」中に「文や文章にはいろいろな構成があることについて理解すること」（小5・6）とある。しかし、ともに「読むこと」領域には「構成」の用語はない。

そのかわりに「書くこと」領域に、それに対応する記述がある。現行では小1・2と小5・6に「組立て」という記述があるだけだが、改訂では「文章を構成」「文章全体の構成」など、「構成」として小学校全学年に位置づけられている。

「組立て」も「構成」も意味がかなりの程度重なるが、『小学校学習指導要領解説・国語編』（以下『小学校解説』）を見ると、現行と改訂ではその内実にかなりの差が見られる。現行は「はじめ・中・おわり」が示されているだけであるのに対し、改訂は「序論—本論—結論」などの説明的文章の構成が複数示され、同時に「状況設定—発端―事件展開―山場―結末」という物語の構成が示されている。

文学にかかわって、さらに改訂の特徴として指摘できるのは、次の二つの記述である。

小5・6　「比喩や反復などの表現の技法に気付くこと」

中1　「比喩や反復などの表現の技法について理解すること」

現行では「優れた叙述を味わいながら読む」（小6）、「表現の仕方や文章の特徴に注意して読む」（中2・3）などがあるだけである。

2　新学習指導要領「国語」の文学に関する変化をどう読み解くか

右に見てきたように、今回の改訂では物語の「登場人物」に関するより具体的な記述の増加、「構成」「展開」にかかわる記述の増加、レトリック等の仕掛けの重視などが特徴として挙げられる。

(1)「登場人物」に関する記述について

「登場人物」への着目は、物語・小説の読みにとって鍵となるものである。しかし、ただ「登場人物」に共感しているだけでは、読みは深まらないし豊かにならない。今回の改訂のように導入部分における登場人物の「設定」の意味、節目での登場人物の会話・行動の意味、登場人物の描写の仕方の特徴、複数の登場人物の相互関係の変化などに意識的に着目していくことで、ただ読みひたっている時よりも、確実に作品の豊かさを発見できる。

その点でこれらの改訂には評価できる要素がある。阿部をはじめ科学的『読み』の授業研究会（以下、読み研）でも、それについてこれまで多様に提案をしてきた[1]。

しかし、新学習指導要領の学年設定については、その必然性に疑問がある。言い換えると、系統性への疑問である。小中の『解説国語』を見ると、改訂の要点として「学習の系統性の重視」が挙げられている。しかし、そのとおりとは言い難い状況がある。

「登場人物の気持ちの変化」は小3・4から出てくる。しかし、たとえば小学校1・2の教材「お手紙」（A・ローベル）や「スイミー」（レオ・レオニ）などを読みとる際には「気持ちの変化」は、重要な要素である。小5・6で示されている「登場人物の相互関係」の把握も、物語・小説の「読むこと」指導にとって確かに必須の要素である。ところが、なぜか低中学年ではまだそれが出てこない。小4の教材「ごんぎつね」（新美南吉）を指導する際には、ごんと兵十の「相互関係」の変化・発展の把握を避けて通ることはできない。小1・2の教材「お手紙」も、二人の人物の相互関係の発展が核となっている。

中2の「登場人物の言動の意味」も、中3の「登場人物の設定の仕方」も、「読むこと」指導にとってやはり必須の要素である。しかし、これも小学校から是非必要なものである。「一つの花」（今西祐行）では、山場の部分でのお父さんの言動の意味を読まないままに作品の良さに触れることは難しい。「一つの花」も、お父さんの「心情」だけに着目していたのでは、作品の豊かさは見えてこない。「登場人物の設定の仕方」にこそ、着目する必要がある。

「登場人物の行動」（小1・2）、「登場人物の性格や気持ちの変化」（小3・4）、「登場人物の相互関係」（小5・6）、「登場人物の言動の意味」（中2）、「登場人物の設定の仕方」（中3）、これらは元来、学年別に配列すべき要素ではない。すべてについて、低学年から十分指導可能なものである。

たとえば「スイミー」（小2）では導入部分で「みんな　赤いのに、一ぴきだけは、からす貝よりもまっくろ。」という人物「設定」が示される。スイミーだけを黒くしている設定の意味は、山場中のクライマックスで明らかになる。「ぼくが、目になろう。」の部分である。それも、ここでは「スイミーは、くろかった。」などではなく、わざわざ「みんな　赤いのに、一ぴきだけは、からす貝よりもまっくろ。」という多様なレトリック・仕掛けを使って表現している。「だけ」という限定、「赤」と「くろ」の対比、「みんな」と「一ぴき」の対比、「のに」という逆接的助詞の使用。「からす貝」という黒いことで有名な貝を喩えに使い、さらに「よりも」で強めている。「まっ」つまり「真」による強め、そして「まっくろ。」という体言止め。これだけの工夫をしてスイミーの黒さを強めている。さらに「名前は、スイミー。」にも仕掛けがある。「スイミー」は「Swimmy」である、「swim」という動詞を内包している。名前の中にその人物の特徴を内包させるというのは、文学の基本的な仕掛けである。

これらを小2ですべて指導する必要はない。しかし、この中のいくつかは小2でも十分に学習可能である。少なくとも中3で初めて重視される要素とは言い難い。

(2)「構成」「展開」に関する記述について

物語・小説の「構成」「展開」が、中学校のすべての学年の「読むこと」領域に位置づけられたことも評価できる。「走れメロス」などをはじめとする小説は、「構成」が把握できることで、ずっと豊かに楽しく読める。「構成」を意識することで、事件が動き出す前の導入部分の役割が鮮やかに見えてくる。さきほどの人物の「設定」は特にここに示されていることが多い。そして、作品後半の山場にある「構成」上のクライマックスを意識することで、作品の楽しい仕掛けが見えてくる。そういった形で「構成」に着目することで、物語・小説はずっと深く読めるようになる。多くの物語・小説は、クライマックスに向かって様々に人物設定や状況設定、事件展開等が仕掛けられ準備されているからである。

また、『解説国語』小学校中に物語の典型的な「構成」として「状況設定―発端―事件展開―山場―結末」(小5・6)が提示されていることも評価できる。これは、「状況設定」→「事件展開」→「山場」という形の三部構成で物語をとらえ、その「事件展開」の始まりが「発端」、「山場」の終わりが「結末」と読み直すことができる。たとえば「スイミー」「ごんぎつね」「走れメロス」などはこの構成である。もちろん、「一つの花」のように「状況設定」→「事件展開」→「山場」→「終結(エピローグ)」という四部構成もある。「お手紙」のような「事件展開」→「山場」という二部構成もある。しかし、こういった典型例を示すことで、「構成」の読みとりがよりわかりやすくなる。これについても「構成」「構造」という用語を使い、阿部をはじめ読み研でも、これまで多様に提案をしてきた[2]。

ただし、「構成」についても、疑問がある。「読むこと」領域で「構成」が出てくるのは、中1からである。「スイミー」「ごんぎつね」をはじめとする物語も、「構成」が把握できることで、ずっと豊かに楽しく読める。

また、「状況設定―発端―事件展開―山場―結末」(小5・6)は、「読むこと」ではなく「書くこと」領域の「解説」で位置づけられている。「読むこと」領域でも位置づけるべきである。その上、小5・6は、やはり遅い。

(3)「比喩や反復などの技法」について

「要領」である以上、過度に詳細で具体的な「内容」を提示する必要はない。しかし、これまではあまりにも曖昧な教科の「内容」が示されているだけであった。そういう中で「比喩」や「反復」というより明快な「内容」が示されたことは、一歩前進と言える。阿部をはじめ、読み研でも、それについて提案をしてきた。(3)

しかし、なぜこれが小5・6と中1に位置づけられているのかは、極めてわかりにくい。「比喩」も「反復」も、小学校低中学年から学ばせる必要がある。それらに着目しながら読むとずっと楽しく深く物語・小説が読める。そのことを実感させながら、能力として少しずつ定着させていく必要がある。小2の教科書に掲載されている「スイミー」では比喩や反復の効果が最大限に発揮されている。ここで、子どもたちは「比喩」や「反復」の楽しさや豊かさを学ぶことができる。

比喩一つをとっても、隠喩、直喩、換喩、提喩、声喩など、様々にある。隠喩と直喩も、これまでは「直喩には『～ような』があり、隠喩にはない」といったレベルの指導で終わることが少なくなかった。しかし、「隠喩表現でも良いのに、なぜここでは直喩表現になっているのか」といった観点での指導が是非必要である。換喩にしても提喩にしても、小学校低学年から出てくる。反復にしても、通常のリピートと一定の規則性をもったリフレインの区別さえ、これまで国語科教育の世界ではなされない場合が多かった。「反復」が出てくれば、ただ「強調されている」と確認して終わる程度である。リピートの表現効果、リフレインの表現効果についての解明も十分にできていない。

いずれにしても、小5・6ではじめて「比喩」「反復」等を提示するのでは、遅すぎる。低学年から「比喩」「反復」等の指導は是非必要である。その上で、その質的発展を中学年→高学年→中学校と図っていけばいいのである。

3 新学習指導要領「国語」の「言語活動」例の課題

「国語」で「言語」的要素が重視されていること自体は、既に述べてきたように評価できる。ただし、「内容」の中に「言語活動」例をこのような形で示したことについては問題が残る。

一つには、これほど「活動」が前面に押し出されると、これまで繰り返されてきた「活動主義」が再発する危険がある。「活動あって学びなし」の懸念である。それを防ぐためには、その「言語活動」によって、どういう国語の力を育てるかが具体的に示されている必要がある。

確かに『解説国語』（中学校）には「言語活動の充実」について「国語の能力を身に付けることができるよう（中略）言語活動を具体的に例示している。」という記述はある。しかし、「言語活動」例の直前の指導事項中に必ずしもそれが明確に示されているとは言い難い。『解説国語』にもそれは曖昧な形でしか述べられていない。

たとえば、小5・6の「読むこと」の「言語活動」例には、「エ　本を読んで推薦の文章を書くこと」が示されている。直前の指導事項には「カ　本や文章を読んで考えたことを発表し合い」などの記述はあるが、それ自体は身につけさせるべき国語の力そのものではない。『解説』を見ても、それによってどういう国語の力を身につけさせるかは見えてこない。『解説』には「自分の目的とともに、相手の目的を考慮」「取り上げた本の何を主に推薦するのか」「それぞれの本の特徴をとらえて推薦」「関連する本を重ねて読」む、「書き手自身のことについて調べ」る等が述べられているだけである。

「推薦の文章を書く」のであれば、まずは推薦する本の選択方法を、丁寧に指導する必要がある。「解説」には「相手の目的を考慮」とあるが、読み手が明確に「目的」をもっている場合の方が少ない。読み手の興味・関心を分析・検討し、そこではどの本を推薦するのが適切かを決める方法を指導する必要がある。読者分析の方法である。

また、『解説国語』には「本の何を主に推薦するか」「それぞれの本の特徴をとらえ」とあるが、その「特徴」をどのように的確に把握するかという方法こそが、重要である。しかし『解説国語』には、それについての言及はない。物語・小説であれば、通常は最も読者にアピールする最高潮の部分を選択することが効果的である。それも、それを「説明」するのではなく、作品から劇的描写の部分を「引用」した方が効果が高い。とは言え、すべてを明らかにし過ぎると、逆効果の場合もある。その時は最高潮の直前を取り出すという方法もある。導入部分（状況設定）の人物紹介に特長がある場合は、そこを「引用」することも効果的である。

「言語活動」が活動主義を導き出さないようにするためには、「その活動によって、どういう国語の力を育てるか・身につけさせるか」を、各学校・各学級で明確にしておく必要がある。

4　新学習指導要領「国語」の「評価」「批評」

中3の「目標」に「表現の工夫を評価して聞く能力」を「育てる」、「文章の展開や表現の仕方などを評価しながら読む能力を身に付けさせる」とある。「内容」には「聞き取った内容や表現の仕方を評価」「論理の展開の仕方や表現の仕方などについて評価」「文章を読み比べるなどして、構成や展開、表現の仕方について評価」という記述がある。「言語活動」例には「関心のある事柄について批評する文章を書く」「物語や小説などを読んで批評する」が位置づけられている。また小5・6には「話し手の意図をとらえながら聞き、自分の意見と比べるなどして考えをまとめること」がある。

「評価」「批評」は、現行を含めこれまでの学習指導要領にはなかったものである。新しい国語の力が示されたことになる。「評価」は、辞書には「価値を判じ定めること」「価値を判断して決めること」などとある。「批評」は「長短・優劣などを指摘して評価を述べること」などとある。[4] 当然、これまでにない新しい授業、新しい教材開発も期待できる。その点は評価できる。このことについては、阿部が二〇〇一年以降提案をしている。読み研でも多様に提案をしてきた。[5]

しかし、新学習指導要領では「評価」「批評」「比べる」等に止まり、明確に「批判」という言葉を示さなかった。それは、今回の指導要領の限界である。文部科学省が示した文書にも「批判的読解力」「critical reading」という記述が見られる。[6] それが新指導要領には示されなかった。「評価」は「その価値を高く認めること」[7] といった肯定面だけに特化した意味で使われることがある。その曖昧さを避けるためにも明確に「批判」を位置づけるべきである。

新学習指導要領の「総則」では「思考力、判断力、表現力」を育むべきことが明示されている。これらは繰返し出ており、今回特に重視されていることと言える。

その中の特に「判断力」については、文章や対象の優れた点を見いだす力と同時に、その不十分さ・問題点・わかりにくさを見いだす力が内包されていなければ成立しない。不十分さ・問題点・わかりにくさを発見することのできない「判断力」など意味がない。それは批判的読解力、批判的認識力ということである。「総則」では「主体的」「主体性」など「主体」も強調されている。批判的読解力・批判的認識力なしに「主体」は成立しない。にもかかわらず、「批判」という言葉が明示されていないのである。

　中3ではじめて「評価」等が出てくるのも遅すぎる。少なくとも小学校高学年から必要な要素である。私は文章の優れた点と不十分な点を発見していく「吟味よみ」の授業を提案している。全国各地で、その実践が広がってきている。適切な教材選択と丁寧に準備された方法さえあれば、「吟味よみ」の授業は小学校でも十分に可能である。

　これまでの学習指導要領にはなかったと述べたが、それは不正確である。実は昭和二〇年代の学習指導要領には「批判」「批判力」「批評」などの表現が散見された。中高はもちろん小学校から明示されていた。「読みあい、話しあって、批判的な態度をやしなっていく。」（小2）、「いろいろな宣伝を聞いたり、読んだりしたばあい、それを弁別するだけの力をもたなければならない。宣伝とは他人の意見を支配しようとして、いわれたり書かれたものである。」（学年指定なし）（以上、小・中一九四七年）[8]、「批判的に聞くような態度がもたれることが望ましい」（小一九五一年）[9]、「多くの異なった伝記を集める。これらの伝記を読む。それについて学級で批判する。」（中1）（中・高一九五一年）[10]

　「読むこと」指導では、文章の優れた点・納得できる点を評価しつつ、不十分な点・納得できない点を批判できる力（読む力）を身に付けさせる必要がある。「書くこと」指導では、その読みにもとづいて、リライトする力、批評文・批判文を書く力などを身に付けさせる必要がある。「話すこと・聞くこと」指導では、それらと関連させつつ、討論を展開できる力、ディベートを展開できる力などを身に付けさせる必要がある。遅くとも小学校高学年からこれらの指導は可能である。

5　グランドデザイン構築のために

さきほどの「登場人物」も含め、これらの曖昧さ、わかりにくさ、必然性の欠落は、学習指導要領の背景に、国語科の教科内容に関する体系とそれにもとづく系統のモデルがほとんど存在しないゆえに起こることである。「要領」である以上、要点だけを示すだけでよい。その方がかえって学校現場の自由裁量を広げ教育実践の多様性を保障することになる。しかし、国語科の教科内容に関する体系とそれにもとづく系統のモデルがほとんどないままに「要領」が示されても、教育現場は混乱する。何より子どもたちに確かな国語の能力を保障することはできない。

その意味で、これまでのような学年別の教科内容だけでなく、小学校六年間、中学校三年間で育てるべき国語科の教科内容（能力）の全体像（グランド・デザイン）を示し、その上で各学年の重点内容を展開していくという提案方法が検討されてもよい。

学会、民間の教育研究会、さらには様々な研究者・教師たちのグループの研究成果を取り入れつつ、体系的で系統的な国語科の教科内容を設定・想定していく必要がある。学習指導要領は、それらを背景としながら、「要点」を示していくという方向が望ましい。（現在のような国による厳しい法的拘束の問題性については、別途論じていく必要がある。）

ここでは、その阿部試案の一部を提示する。

小学校低学年で指導が必要かつ可能なものは、すべて教科内容として設定する。そして、学年が上がるにつれて、その内実が多様になりグレードアップされることになる。もちろん、小学校中学年で初めて設定されるもの、高学年ではじめて設定されるものもある。（系統性を明示した試案は、次の機会に提案したい。）

阿部の文学の「読むこと」領域における教科内容試案

Ⅰ　構成・構造

1　作品の構成をとらえる

(1)いくつかの小説の構成類型を知り使いこなすことができる。

類型Ａ：導入―展開―山場―終結

類型Ｂ：導入―展開―山場

類型C：展開―山場―終結
類型D：展開―山場

⑵導入から事件展開に入る「発端」の性質を知り使いこなすことができる

A：事件がそこから始まる

B：説明的叙述（設定）から描写的叙述（事件）に変わる

C：二人（以上）の人物が出会う

⑶山場の性質を知り使いこなすことができる

A：クライマックスに向かって変化が始まる

B：展開の密度・速度がより高くなる

⑷構成各部分の特徴を知り、その構成になっていることの効果を把握できる。

2 「クライマックス」に着目しながら構造をとらえる

⑴「クライマックス」の性質を知り、それを使いこなすことができる。

A：人物相互の関係等の事件の関係性が転化・確定する

B：読者に特に強くアピールする書かれ方になっている

C：描写性が特に厚くなっている

D：より強く作品のテーマにかかわる

⑵「クライマックス」に向かって作品のプロット（形象）がどのように仕掛けられているかを把握できる。

⑶「クライマックス」にかかわり、作品のテーマを仮説的に予想できる。

3 プロットとストーリーの違いをとらえる

⑴プロットとストーリーの違いを把握できる。

⑵上記1・⑴とかかわらせながら、プロットの特徴を把握できる（錯時法など）

（中略）

Ⅱ 形象・レトリック

1 導入部分の形象・レトリックをとらえる

⑴導入部分には、人物設定、時や場の設定、先行事件の紹介等が説明的に示されることが多いことを知り、そういった部分に着目し、形象・レトリックを把握できる

⑵人物紹介では、人物の名前、人物の外見、人物の内面、人物の社会的位置（関係性）、人物の履歴（過去の行動等）などの留意点を知り、使いこなす

ことができる

⑶冒頭部分の書き出しの工夫に気がつき、その形象の仕掛けを把握できる

（以下略）

この後には、「2　事件展開・山場の部分の形象・レトリックをとらえる」「3　終結の部分の形象・レトリックをとらえる」「4　形象・レトリック解読のスキル」がある。また、Ⅱに続く大項目として「Ⅲ　語り」「Ⅳテーマ」「Ⅴ　吟味・評価・批評」がある。

注

（1）読み研編『国語授業の改革1』二〇〇一年～『国語授業の改革8』二〇〇八年（学文社）、読み研編『研究紀要Ⅰ』一九九九年～『研究紀要Ⅹ』二〇〇八年等。

（2）前掲書（1）に同じ。

（3）前掲書（1）に同じ。

（4）『広辞苑・第6版』二〇〇八年、『明鏡国語辞典』二〇〇二年

（5）前掲書（1）に同じ。

（6）文部科学省「読解力向上プログラム」二〇〇五年

（7）『大辞林・第3版』二〇〇六年（三省堂）

（8）文部省『学習指導要領・国語科編（試案）』一九四七年

（9）文部省『小学校学習指導要領・国語科編（試案）改訂版』一九五一年

（10）文部省『中学校高等学校学習指導要領・国語科編（試案）改訂版』一九五一年

【問題提起】

2 新学習指導要領「国語」が提起しようとしたもの

髙木 まさき（横浜国立大学）

1 はじめに

本稿に求められているのは、新学習指導要領（平成二〇年三月）における「国語」が何を提起しようとしたのかを解説することである。しがたって本稿の多くは、「小学校学習指導要領解説 国語編」（東洋館出版社 平成二〇年八月）及び「中学校学習指導要領解説 国語編」（東洋館出版社 平成二〇年九月）、中央教育審議会答申「幼稚園、小学校、中学校、高等学校及び特別支援学校の学習指導要領等の改善について」（平成二〇年一月）における解説等によりながら（文部科学省ホームページからの引用も含む）、私見も交えて論述を進めていく。

2 新学習指導要領「国語」の改訂の要点

新学習指導要領「国語」における改訂の要点については、上記の小中学校「学習指導要領解説 国語編」に「国語科改訂の要点」として次のように示されている。

（1）目標及び内容の構成
（2）学習過程の明確化
（3）言語活動の充実
（4）学習の系統性の重視
（5）伝統的な言語文化に関する指導の重視
（6）読書活動の重視
（7）文字指導の内容の改善（小学校）
（7）漢字指導の内容の改善（中学校）
（8）書写の指導の改善

3　言語活動の充実

「国語科改訂の要点」に示されたもののうち、もっとも重要とされるのは、「(3) 言語活動の充実」であることは言うまでもない。本稿では、この「言語活動の充実」を中心に据えて、改訂の意味を考えてみたい。

「言語活動の充実」については、前掲の「解説」(中学校) に次のような記述がある。

「話すこと・聞くこと」、「書くこと」及び「読むこと」の各領域においては、基礎的・基本的な知識・技能を活用して課題を探究することのできる国語の能力を身に付けることができるよう、内容の(2)に社会生活に必要とされる発表、案内、報告、編集、鑑賞、批評などの言語活動を具体的に例示している。学校や生徒の実態に応じて様々な言語活動を工夫し、その充実を図っていくことが重要である。(略)

新学習指導要領においては、従来は「内容の取扱い」にあった言語活動例が「内容」(2) として、所謂指導事項のすぐ後に、領域ごとに例示された。これは当然のことながら、従来以上に言語活動を重視する姿勢の表れと言ってよい。だが、上記引用部分に「基礎的・基本的な知識・技能を活用して課題を探究することのできる国語の能力を身に付けることができるよう」とあるのは、確かに言語活動は重要ではあるが、それはあくまでも指導事項等に示された「国語の能力」を育てるためのものである、という原則を示している。

つまり形としての活動も重要だが、肝心なのは、形をもった活動を通して、学習者にどんな力を身につけさせようとしているか、という点だ。たとえば小学校5・6年生の「書くこと」の言語活動例に詩歌の創作があるが、これは立派な作品を完成させることが求められているのではない。創作を通して、どのような言葉の力、言葉への気づき、さらには言葉を通した認識力や思考力等を育もうとしているかが問われているということである。結果として質的に優れた作品ができるのはむろん結構なことだが、作品そのものの出来より、創作の過程において教師が何を指導するかが問われているのである。

4　思考力・判断力・表現力等を育成する言語活動

国語科における「言語活動の充実」の意味は、とりあえず右のように説明できるが、各教科等においても言語活動の充実は求められており、より本質的に、言語活動のもつ意味を考えておく必要がある。

先の中教審答申において「言語活動の充実」ということは、しばしば「思考力・判断力・表現力等」の育成という言葉と対になって登場している。例えば、同答申「7．教育内容に関する主な改善事項」の冒頭部に次のような記述がある。

第一は、各教科等における言語活動の充実である。5．（4）（「思考力・判断力・表現力等の育成」引用者注）で述べたとおり、子どもたちの思考力・判断力・表現力等をはぐくむためには、レポートの作成や論述といった知識・技能を活用する学習活動を各教科で行い、言語の能力を高める必要がある。

ここで言う「レポートの作成や論述といった知識・技能を活用する学習活動」とは、すなわち「言語活動」であるが、それは「思考力・判断力・表現力等」を育成するためとされている。

では言語活動をさせることがどうして「思考力・判断力・表現力等」を育成することになるのか。その点について、中教審答申は、多くを語ってはいないようだ。そこで私見になるが、この点について考えてみる。

従来、国語科に限らず、日本の学校では学習が受け身になりがちだとの指摘が繰り返されてきた。特に中学校や高校などでは、いまだにその傾向が著しい。一方、小学校では活動的な学習は取り入れられてきたが、指導すべき力があいまいなままの指導に陥っていると指摘されることも多い。しかし、活動的な学習が大事なのは、実際に話してみる、書いてみる、という経験がないよりはあった方が遙かによい、ということもあるが、それ以上に、活動を効果的に組織すれば、学習者の頭をより活発に働かせることができる、と考えられるからだ。

たとえば小学校5・6年生「書くこと」の指導事項ウ「事実と感想、意見などを区別する…」という力を身につけさせる場合、ヘタをすると教師の一方的な解説や、教科書のコラムを読ませるだけの授業に陥ることもないとは言えない。これに対し、実際に言語活動例のイ「自分の課題について調べ、意見を記述した文章…」を書かせて、指導事項ウとともにカ「書いたものを発表し合い…」を指導することで、書く過程での試行錯誤や読み手との交流が、学習者に考えさせる機会をより多く提供することにつながる。課題・素材との対話、自己との対話、方法との対話、読み手（他者）との対話など（むろん教師による事前、事中、事後の適切な指導があることが前提）が、言葉の使い方への自覚を高め、多様な考え方に触れさせ、成功や失敗に意味を与える。正解だけでなく、プロセスにおける思考、集団の中における思考が考え方の回路を増やし強化する。そこに言語活動重視の本質的な意義があると考えられる。

5　言語活動を重視するに至った背景──ＰＩＳＡ

以上のように、言語活動は「思考力・判断力・表現力等」を育成する上でたいへん重要な学習活動と言えるが、今回特にそのことを強調しているのはどうしてか。今回の改訂に際しては、特殊な事情があったことは確認しておくべきであろう。

それは周知のことに属するが、ＯＥＣＤによるＰＩＳＡ調査において、日本の子どもの「読解力」の成績が低下したことである（ＰＩＳＡ２０００では8位、ＰＩＳＡ２００３では14位、ＰＩＳＡ２００６では15位。他のリテラシー調査でも同様の低下傾向が見られ、数学的リテラシーではＰＩＳＡ２０００が1位、ＰＩＳＡ２００３は6位、ＰＩＳＡ２００６は10位、科学的リテラシーも同様でＰＩＳＡ２０００が2位、ＰＩＳＡ２００３は2位、ＰＩＳＡ２００６は6位となっている）。中でも、「読解力」調査における、読んで自分の考えを記述するといった「思考力・判断力・表現力等」の育成に関わる設問に大きな課題のあることが数値として示されたことが大きい。

実は、同様の課題があることは、それ以前から実施されていた国立教育政策研究所による教育課程実施状況調査でも指摘されていたのだが、世界的な学力調査による指摘は他のリテラシーの低下傾向と相俟って大きな反響を呼んだ。むろん参加国が増えるなど割り引いて考えるべき点もあるが、戦後日本の成長を支えてきた教育にかげりが見られる深刻な事態と受け止められた。

ただしここで忘れてならないことは、「思考力・判断力・表現力等」の育成を、ただ単にＰＩＳＡへの対応と考えてはいけないということである。たとえば、読んで考えたことを表現すること、非連続型のテキストを読むこと、批判的・批評的な読み方をすることなどのＰＩＳＡ調査の特徴とも言えることは、現代を生きる私たちの日常ではありふれたことだし、単元学習や児言研、読み研などでは、多くの実践が積み重ねられてきた蓄積のあることでもある。そう考えると、「思考力・判断力・表現力等」の育成は、PISAへの対応という面だけではなく、本来やるべきこと、一部の日本の教師たちが自覚的に取り組んできたことが、PISAを契機に、より広く認知され、共通に取り組むべき課題として位置づけられることになったと考えてよいのではないだろうか。

6　言語活動を重視するに至った背景――文化審答申

言語活動重視の背景として、いま一つ忘れてならないことは、先の中教審答申の「7（1）言語活動の充実」にある次のような記述と関連している。

国語をはじめとする言語は、知的活動（論理や思考）だけではなく、5・（7）（「豊かな心や健やかな体の育成のための指導の充実」　引用者注）の第一で示したとおり、コミュニケーションや感性・情緒の基盤でもある。

このため、国語科において、これらの言語の果たす役割に応じ、的確に理解し、論理的に思考し表現する能力、互いの立場や考えを尊重して伝え合う能力を育成することや我が国の言語文化に触れて感性や情緒をはぐくむことを重視する。具体的には、特に小学校の低・中学年において、漢字の読み書き、音読や暗唱、対話、発表などにより基本的な国語の力を定着させる。また、古典の暗唱などにより言葉の美しさやリズムを体感させる（略）

右の引用中、「論理的に思考し表現する能力」等はPISAへの対応とも言えるが、「我が国の言語文化に触れて感性や情緒をはぐくむことを重視する」等の記述は、PISAとは直接結びつかない。これは、文化審議会答申「これからの時代に求められる国語力について」（平成一六年）の次のような箇所と対応している。

Ⅰ　これからの時代に求められる国語力について
第1　国語の果たす役割と国語の重要性
1個人にとっての国語
②感性・情緒等の基盤を成す
③コミュニケーション能力の基盤を成す
2　社会全体にとっての国語
①国語は文化の基盤であり、中核である

②社会生活の基本であるコミュニケーションは国語によって成立する

Ⅱ　これからの時代に求められる国語力を身に付けるための方策について

第1　国語力を身に付けるための国語教育の在り方

（2）国語科教育の在り方

〈国語科教育で育てる大切な能力〉

学校における国語科教育では、「情緒力」「論理的思考力」「思考そのものを支えていく語彙力」の育成を重視していくことが必要である。

情緒力を身に付けるためには、小学校段階から「読む」ことを重視し、国語科の授業の中で、文学作品を中心とした「読む」ことの授業を意図的・継続的に組み立てていくことが大切である。

〈音読・暗唱と古典の重視〉

さらに、音読や暗唱を重視して、それにふさわしい文章を小学校段階から積極的に入れていくことを考えるべきである。特に日本の文化として、これまで大切にされ継承されてきた古典については、日本語の美しい表現やリズムを身に付ける上でも音読や暗唱にふさわしいものであり、情緒力を身に付け、豊かな人間性を形成する上でも重要なものである。

（略）

この文化審答申は、異論はあるにしても、現代の子どもたちの置かれた言語的・社会的な環境、子どもたちの抱えている問題などに対する深刻な危機意識を背景に、PISAなどに象徴される実用主義的な教育に傾きがちな当時の風潮とは一線を画す貴重な提案であった。それが中教審答申に流れ込み、PISAの実用主義的で、グローバルスタンダードを志向する教育内容とともに、文学や古典などの伝統的、教養主義的な教育内容をも重視する新学習指導要領の成立へとつながっていくのである。新学習指導要領「国語」は、とかくPISAの影響を強く受けた実用主義的なものと思われがちだが、それは事の一面にすぎないことを確認しておく必要がある。

7　その他の改訂について

右に述べたのは、冒頭に示した「国語科改訂の要点」のうち、主に（3）「言語活動の充実」に関することであるが、他の項目についても、右に述べたこととの関わりから、その意義について考えることができる。

まず（1）「目標及び内容の構成」だが、国語の目標については変更がない。今回の学習指導要領は「生きる力」と「伝え合う力」の重要性を前提としているのだから、当然と言える。これに対し、「内容の構成」については「言語活動の充実」との関わりにおいて大きな変更点がある。「内容」には従来は所謂「指導事項」のみが記され、「言語活動例」は「内容の取扱い」等にまとめて示されていた。だが今回は、既述の通り、領域ごとに（1）「指導事項」に続いて（2）「言語活動例」が示されることとなった。言語活動重視の姿勢の端的な表れであろう。

次に（2）「学習過程の明確化」である。ここにPISAの「読む行為のプロセス」（情報の取り出し／解釈／熟考・評価）の影響を見ることもできるが、それよりも、学習過程を明確化することで、個々の学習が学習過程全体のどこに位置するのかをはっきりとさせ、言語活動のねらいを焦点化することに意味がある。教師だけでなく、学習者自身も、やみくもに活動するのではなく、見通しをもって取り組むことが、学習の効果を上げることにつながる。所謂メタ認知的な力の育成である。この点は、学習指導要領総則の第4の2「（4）各教科等の指導に当たっては、児童が学習の見通しを立てたり学習したことを振り返ったりする活動を計画的に取り入れるよう工夫すること。」でも強調されている点である。

（4）「学習の系統性の重視」も、（2）と同様に言語活動において学習すべき能力等があいまいにならないようにする上で必要な措置と言える。各指導事項は、系統的に整理されるとともに、個々の事項がより明確で具体的なものへと記述が改められているのも、そのような意味においてである。

（6）「読書活動の重視」は、各学年の「読むこと」の「言語活動例」として位置づけられていることに明らかなように、言語活動重視の一つの表れである。またこれは、PISAなどに見られる実用的な言語力育成の側面と文化審答申に見られた教養主義的な国語力育成の側面という二つの面をもっていることに注意する必要がある。その意味で「読書活動の重視」は、今回の改訂における典型的かつ極めて重要な言語活動と言って良いだろう。中学校第三学年「読むこと」の「言語活動例」が

「ウ自分の読書生活を振り返り、本の選び方や読み方について考えること。」であることを念頭に、本だけに止まらない幅広い「読書生活」を育むよう、小学校段階から継続的な指導が望まれる。

（5）「伝統的な言語文化に関する指導の重視」は、従来の「言語事項」を再編したもので、直接的には先の文化審答申を受けたものだが、それらが「『A話すこと・聞くこと』『B書くこと』『C読むこと』の指導を通して、次の事項を指導する。」とされているように、領域ごとの言語活動とも深く関連する。また「伝統的な言語文化に関する事項」には、音読、朗読や古典の一節を引用して文章を書くこと（中3）など、言語活動に近いものも含んでいる。

（7）「文字指導の内容の改善」（小学校）及び（7）「漢字指導の内容の改善」（中学校）は、「日常生活や他教科等の学習における使用や、読書活動の充実に資することを重視して改善を図っている。」（小学校「国語科改訂の要点」）と説明されているように、それら独自の体系的価値があることは当然だが、言語活動を支える役割がより強調されているのは今回改訂の特徴の一つと言えるだろう。また（8）「書写の指導の改善」も、「社会生活や学習活動に役立つよう内容や指導のあり方の改善を図る」（中学校「国語科改訂の要点」）とされているように、「言語活動の充実」を視野に入れたものであることは言うまでもない。

8　おわりに

以上は、今回の学習指導要領「国語」の改訂について、「言語活動の充実」という角度から、全体の整理や意味づけを試みた。言うまでもなく、それぞれの領域や事項等には、それら独自の論理が働いて改訂された面もあろうから、やや乱暴な整理と言えるかもしれない。

だが、「新学習指導要領『国語』が提起しようとしたもの」という課題からは、もっとも重要な改訂の要点（「言語活動の充実」）から、全体を関連付ける整理の仕方もあって良いのではないかと考えたしだいである。

ご批判賜れば幸いである。

【物語と小説の新しい授業提案】

3　小学校―物語「構成」と「表現の工夫」を重視した新しい授業提案
――「スイミー」（レオ・レオニ）

臺野芳孝（千葉県千葉市立海浜打瀬小学校）

1　新学習指導要領の「構成」と「表現の工夫」

『小学校新学習指導要領解説・国語編』を見ると、「A話すこと・聞くこと」、「B書くこと」、「C読むこと」の、三つの内容に加え、〔言語事項〕の代わりに〔伝統的な言語文化と国語の特質に関する事項〕が新設された。この「小学校学習指導要領解説」によると、この新設の事項には、「A話すこと・聞くこと」、「B書くこと」、「C読むこと」を分けずに指導することもあるとしている。

「構成」については、「C読むこと」の内容にはなく、「B書くこと」の「文章を構成すること」（3・4年）「文章全体の構成の効果を考えること」（5・6年）の中に詳しく解説している。物語であれば「状況設定―発端―事件展開―山場―結末」（5・6年）という「構成」を意識して文章を書くのだという。

しかし、このような「構成」について、「C読むこと」の解説には何もふれられていない。前述のような「構成」で文章を書くには、当然、そのように書かれている典型的な作品を読むという指導過程がなくては成り立たないだろう。「構成」を意識した物語の読みとりが必要であることは明白である。特に低学年の教材は、全体が俯瞰しやすい短い作品なので、それを通して学習することが大切である。

「表現の工夫」については、5・6年で「比喩や反復などの表現の工夫について気付くこと」と〔伝統的な言語文化と国語の特質に関する事項〕の中に書かれている。他にも、「擬声語・擬態語、誇張、比喩（直喩・隠喩）、ユーモア、省略、倒置、対句などの表現の工夫に気づいたり、活用したりするように指導する」とある。
　１・２年では、特に取り上げられてはいないようだが、前述の「構成」と同様、わかりやすい「比喩や反復」がある作品があるのだから、系統も踏まえておさえておく必要がある。

2　「スイミー」の「構成」を検討する

　低学年の子どもたちに物語の構成を教えることで、物語を読み解く切り口を与える。典型的な「構成」を「おはなしの山」とし、「前話―広がり―山場―後話」の四パートに分ける。「前話」は、物語の設定や登場人物の粗々の紹介の場面である。実際にいろいろなことがおこり物語が展開していく部分を「広がり」とする。「山場」は物語の中の一番盛り上がった場面。その中で、さらに一番盛り上がったところを「クライマックス」とする。「山場」の終わりを「むすび」とし、それ以降を「後話」として物語の筋の流れをつかませる。
　「構成」を説明するための例としては、「アンパンマン」「ヤッターマン」など、アニメ作品が低学年の子どもたちにもわかりやすい。「クライマックス」を「アーンパンチ」「ドロンボーメカの爆発のところ」などと説明するとイメージしやすいようである。

「スイミー」の構成（おはなしの山）

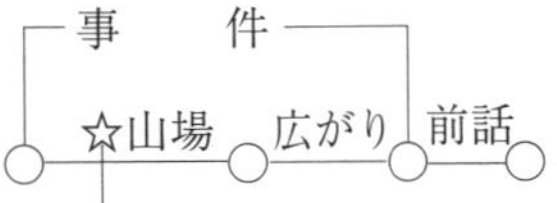

はじまり　広い海のどこかに、
おこり　ある日、おそろしいまぐろが、
山場のはじまり　そのとき、岩かげに
クライマックス　「ぼくが、目になろう」
むすび　……大きな魚をおいだした。

　「スイミー」と同じように「大きなかぶ」「ごんぎつね」なども「後話」がなく、「前話―広がり―山場」という構成の作品である。「後話」がない作品も少なくない。

【前話】

　導入部には、一般的には、背景の設定（時・場・人物・先行事件）が述べられる。「スイミー」では、主に人物設定が書かれている。名前からは「Swim（泳ぐ）」という英語がすぐに思い当たる。泳ぐのが好きで、得意でもあることが示唆されている。友だちの魚と競争しても負けない。すばしっこさや元気のよさを読み取る。「一匹だけは、からす貝よりもまっくろ」にも、スイミーが特別な人物として登場している仕掛けがわかる。

【広がり】

まぐろが襲って来た場面である。事件の「おこり」である。まぐろの登場でスイミーは一気に不幸のどん底に落とされてしまう。

続くのは、いろいろな生き物を見ることで元気が戻ってくる場面である。いろいろな生き物を見る場面では、倒置法・比喩などが多用され、スイミーの視点からイメージを深めたい。低学年とは言え、読みの醍醐味を味わえるところだ。

【山場】

スイミーが、新たに小さな魚たちを見つける。しかし、大きな魚に食べられないよう隠れて暮らしている。スイミーは何とかしようと考える。「考えた」の反復がスイミーの一生懸命さを表している。「ぼくが、目になろう」には、スイミーの考えが実現したこと、一ぴきだけ黒いことが役に立ったこと、泳ぐことが好きで隠れて生きることをよしとしない性格など、物語前半の伏線が焦点化する。

3 「スイミー」の「表現の工夫」から授業化のヒント

授業化にあたって、各場面の中で、比喩・倒置・反復・体言止めなどが見られる。謎を解くようにイメージしながら、表現の効果を読み取るようにしたい。

「水中ブルドーザーみたいないせえび」

比喩と体言止めである。「水中ブルドーザー」からどんな様子を表しているのか。大きい、堅くて重そう、いろいろなものを押しのけて進む感じ、などが読み取れる。

この場面の他の文も同じように読むことできるようになってくる。ポイントは、「何に喩えられているか」「スイミーはどのように見たか」「普通の書き方と比べてどうか」を考えさせればよい。

「スイミーは考えた。いろいろ考えた。うんと考えた。」

「こわかった。さみしかった。とてもかなしかった。」と同様、三回も「考えた」を重ねている。繰り返すことで、言葉の意味が強められ、広がり、深まることに気づかせ、ノートに書かせておきたい。このように、次の作品を読むときに、役に立つことをノートに残すことが、国語の学習として有効である。

4 「スイミー」の新しい授業をどうつくり出すか

学級の子どもたちが物語の世界を想像豊かに楽しみながら読むために、暗唱できるくらいに作品を頭に入れる時間が必要である。一部の読める子たちで授業が進まないようにしたい。このために「表層のよみ」の時間を設定する。低学年では、特に大切にしたい。四時間を「表層のよみ」に当てる。「構成」や「表現の工夫」を読み取る時間は「深層のよみ」の段階として後半に位置づける。

【単元計画】　〔9時間扱い〕

一　表層のよみ
1　教師の朗読（1限）
2　難しい言葉探し（2限）
3　感想を書いて交流する（3限）
4　音読練習（4限）
（音読カードを使い家庭学習でも取り組む）

二　「構成」の読みとり
1　「おこり」「クライマックス」の決定（5限）

三　前話の読みとり
1　「スイミー」の人物設定の読み（6限）

四　広がりの読みとり
1　まぐろの場面（7限）
2　いろいろな生き物の場面（8限）

五　山場の読みとり
1　スイミーの考え・行動から感じたことを交流する（9限）

(1)「構成」の指導過程

単元計画の「二」が「構成」の指導過程である。

「おこり」は「事件の始まるところ」である。また、書かれ方が説明から描写へと転換する。「毎日の繰り返し」から「特別なある日」になったところでもある。「桃太郎の桃が流れてきたところ」「バイキンマンが悪さを始めるところ」などの説明がわかりやすい。

「スイミー」の「おこり」はどこですか。

「おこり」を決定する際に、場所が分かればよいのではない。「スイミー」の「おこり」は、スイミーと対立する「まぐろ」の登場である。まぐろは、魚たちの平和な暮らしを壊すものとして「ミサイル」という兵器に例えられている。さらに、平和な生活を奪うのに、ためらいもなく、わずかな時間しかかからず、一匹残らず飲み込んでしまう。残酷な「おこり」である。

> 「おこり」の前には、何が書いてありますか。

「みんな赤いのに、一ぴきだけは、からす貝よりもまっくろ。」「スイミー。」といった人物紹介、そして「小さな魚の兄弟たちが楽しくくらしていたこと」が述べられている。スイミーの人物像と「いつも」平和だった生活を述べている場面が「前話」になることをおさえる。

> 「クライマックス」はどこですか。

クライマックスの候補としては、「それから、とつぜん、スイミーはさけんだ。」「そうだ、みんないっしょにおよぐんだ…」「みんなが、一ぴきの大きな魚みたいにおよげるようになったとき、スイミーは言った。」「ぼくが目になろう。」などが出てくる。

> 魚たちはすぐに大きな魚のふりをして泳げましたか。

すぐに大きな魚のように泳ぐのは難しい。「泳げるようになったとき」という書かれ方から、時間がかかったことがわかる。やっと一ぴきの魚のようになったときに、スイミーが目になる。クライマックスである。スイミーが目になるということは、大きな魚のふりをして泳げるようになったこと、スイミーの黒さが目という武器になったこと、力を合わせることで困難を乗り越えるということ、海にはいろいろな生き物が生きていると気がついたこと、泳がないで隠れている生活はしないという気持ちなどが読み取れる。

クライマックスは、それまでの話の流れとつながっていることや、事件が解決するところであること、悲劇からハッピーエンドへと転換するところであることを説明する。このことは、ノートに書かせ、他の物語を読むときにも、そのページを見れば、クライマックスの意味を思い出せるようにしたい。

(2) 「表現の工夫」の指導過程

単元計画の「三」～「五」が「表現の工夫」の指導過程である。

「水中ブルドーザーみたいないせえび」
「水中ブルドーザー」にたとえていることからいせえびのどんな様子がわかりますか。

「大きい」「重そう」「力が強い」「かたい感じ」「砂をぐんぐん動かしている」など比喩からいろいろイメージすることができる。

視点を考えることでさらにイメージが深まる。

スイミーには、どのように、いせえびが見えたのでしょう。まず、何か見えたのですか。

「大きいものが海の底の砂を動かしながら進んでいた」「最初はいせえびだとはわからなかった」「水中ブルドーザーかなと思ってたら、いせえびだった」「スイミーはびっくりした」などの意見が出てくる。体言止めの効果について意見が出ない場合は次のように助言する。

「スイミーはいせえびを見ました。水中ブルドーザーみたいでした。」と比べてみましょう。

すると、「後の文はいせえびが水中ブルドーザーのように見えたことはわかるけど、迫力がない」「説明しているみたい」「ちょっと離れて見ている感じがする」と答える。

体言止めの効果に気づかせるには、体言止めを使わない文と比べさせるとよい。「……いせえび。」と言い切りの方が、印象的でスイミーが驚いた様子まで読み取れる。

悲しいことを忘れてしまうくらい、いせえびやその他の生き物の存在感が伝わってくることがわかる。スイミーが元気を取り戻す要因になっている。

「スイミーは考えた。いろいろ考えた。うんと考えた。」
スイミーはどのくらい考えましたか。

この問いだけでは、子どもたちは、一生懸命考えている様子しか思い浮かばないことが多い。「どのくらいの時間」考えたのかはイメージできるが、そこまでである。

どこで、どんなことをしながら考えましたか。

右のように問うと、「いろいろ」や「うんと」の意味に気がつく。「大きな魚を見ながら」「泳ぎながら」「わかめに囲まれて」「兄弟たちのくらしを見ながら」などイメージがふくらんでいく。

楽しくイメージを膨らませながら、物語の読み方を教えていくことが、国語の授業として大切である。

【物語と小説の新しい授業提案】

4　小学校―物語「登場人物」を重視した新しい授業提案
―「お手紙」（A・ローベル）

鈴野高志（茨城県・茗溪学園中学校高等学校）

1　新学習指導要領の「登場人物」

新しい小学校学習指導要領（以下、「新指導要領」とする）では、「登場人物」に関わって、「場面の様子について、登場人物の行動を中心に想像を広げながら読むこと」（小1・2）、「場面の移り変わりに注意しながら、登場人物の性格や気持の変化、情景などについて、叙述をもとに想像して読むこと」（小3・4）、「登場人物の相互関係や心情、場面についての描写をとらえ、優れた叙述について自分の考えをまとめること」（小5・6）といったような記述がなされている。

学年によって多少の文言の違いこそあれ、共通して読み取れるのは「場面や書かれ方を意識しながら、登場人物の性格や心情とその変化を読んでいく」という方向性であり、これは私たち読み研がこれまで数々の物語・小説の読みの授業方法として提案してきたこととも一致する。

本稿では、A・ローベルの「お手紙」（光村・小2ほか）を取り上げ、特にこの作品のクライマックスを含む場面の登場人物について、子どもたちが場面による書かれ方の違いを意識しながら、その人物像を豊かに読み取っていく授業過程を提案したい。

2　「お手紙」の場面と人物

「お手紙」はおおよそ次のような場面構成となっている。おおまかなストーリー展開、人物の変化とともに簡単に示す。

①　がまくんが悲しんでいる場面

冒頭から玄関の前で嘆いているがまくんに、友だちのかえるくんが「どうしたんだい」「きみ、かなしそうだね。」と声をかけると、がまくんは、「今」が「一日のうちのかなしい時」であること、この時間になると「とてもふしあわせな気もちになる」ことをかえるくんに伝える。その理由を問うかえるくんに、がまくんは次のように言う。

「だれも、ぼくにお手紙なんかくれたことがないんだ。毎日、ぼくのゆうびんうけは、空っぽさ。お手紙をまっているときがかなしいのは、そのためさ。」

② かえるくんが手紙を書き、かたつむりくんに配達を託す場面

がまくんの話を聞いたかえるくんは、「しなくちゃいけないことが、あるんだ。」と大急ぎで家に帰ってがまくん宛てに手紙を書き、その配達をかたつむりくんに頼む。

③ 昼寝をしているがまくんのもとにかえるくんが来て、手紙を書いたこととその中身を教える場面

再びかえるくんがまくんのところに行くと、がまくんは半ばあきらめてしまったかのような態度を示す。自分で書いた手紙がいずれ届くと知っているかえるくんは、「きょうは、だれかが、きみにお手紙くれるかもしれないよ。」と励ますが、がまくんは取り合ってくれない。そんなやりとりが続き、ついにかえるくんは自分ががまくんに手紙を出したことを伝えてしまう。さらに手紙の中身を尋ねるがまくんに、かえるくんは本文全てを教える。具体的な手紙の中身については、読者もまたここで初めてそれを知ることになる。中身を聞いたがまくんは、「ああ。」「とてもいいお手紙だ。」と感動する。ここがこの物語のクライマックスである。

④ 二人でお手紙を待ち、手紙を受け取ったがまくんがよろこぶ場面

ふたりは玄関先に出、「とてもしあわせな気もち」で手紙の到着を待ち続ける。四日たってかたつむりくんが到着し、かえるくんからの手紙をがまくんに渡す。そしてがまくんがよろこんで物語が終わる。

以上が「お手紙」の場面構成と、それぞれの場面における人物の変化である。

子どもたちに特に読ませたいのは、かえるくんが書いた手紙の内容を聞いたがまくんの反応、そしてそのあとに書かれている手紙を待つ場面での「とてもしあわせな気もち」である。手紙の本文は「親愛なるがまがえるくん。ぼくはきみがぼくの親友であることを、うれしく思っています。きみの親友、かえる。」という極めて短いものであるが、これがまくんの感動と、次の場面での「とてもしあわせな気もち」をもたらす大きな仕掛けの一つになっていることを、先に挙げた①の場面や③の場面前半におけるがまくんの悲嘆ぶり、さらに②の場面でかえるくんが、よりによってかたつむりくんに配達を依頼したという部分をふまえつつ読ませてみたい。

3　場面①〜③までの教材分析のポイント

ここでは場面ごとにポイントとなりそうな部分をクローズアップしておきたい。

①の場面で特におさえておきたいのは、「だれも、ぼくにお手紙なんかくれたことがないんだ。(中略)お手紙をまっているときがかなしいのは、そのためなのさ」というがまくんの告白と、その後に書かれている、

「ふたりとも、かなしい気分で、げんかんの前に、こしを下ろしていました。」

という描写を併せて読んだときに浮かび上がる、がまくんの本意である。

すなわちかえるくんは、手紙をもらったことがないと嘆くがまくんに対し、「それはかわいそうに」と同情の言葉をかけたり、「そのうち来るさ」と根拠のない励ましをしたりするのではなく、ただ一緒に、「かなしい気分」になって「げんかんの前にこしを下ろ」す、のである。同じ気分を一定時間共有し、我がことのように悲しんでくれる、まさにがまくんにとってかえるくんは「親友」と呼ぶべき存在なのである。では、そんな「親友」がいるにもかかわらず、なぜがまくんは悲しんでいたのか。そこで改めてがまくんの告白に立ち戻ってみてわかるのは、がまくんが望んでいたのが、お手紙をくれる友だちであり、お手紙というものを仲立ちとした新しい友だち関係だった、ということである。新指導要領における「登場人物の相互関係」に関わる読みである。

②の場面でおさえておきたいのは、かえるくんががまくんに書いた手紙をかたつむりくんに託した、という点である。これは新指導要領でいうところの「登場人物の

行動」に相当する。ここでのポイントは二つある。一つめは、がまくんが悲しんでいるのを知ったかえるくんが「大いそぎで家へ帰」って手紙を書いたにもかかわらず、自分でそれをがまくんに届けるのではなく第三者であるかたつむりくんに頼んだ、ということである。さらに、二つめのポイントとして、その第三者がよりによって足の遅いかたつむりくんであったことである。

授業の中ではこの時点で右の二点についての理由までは明らかにする必要はないが、子どもたちとのやりとりを通して、「何で自分で持っていかなかったんだろうね?」「何でよりによってかたつむりくんに頼んだんだろうね?」という疑問を、意図的に強く印象づけておきたい。

③の場面では、まず場面前半のがまくんについて読んでおく。かえるくんが手紙が来ることを示唆しても、「ばからしいこと、言うなよ。」「きょうだって同じだろうよ。」と取り合わない。ここでのがまくんはもはや「あきらめ」の境地にまで至ってしまっていることがわかる。その上で、この場面の後半、ついにかえるくんが、自分が手紙を書いたこととその内容を伝えた場面を、手紙そのものの内容や文体にも焦点を当てつつ読みたい。

「だって、ぼくが、きみにお手紙を出したんだもの。」と真実を伝えるかえるくんに対し、がまくんは「きみが。」と応じ、すかさず「お手紙に、なんて書いたの。」と直接その中身を尋ねる。手紙そのものへのあこがれと同時に、彼の関心はその中身にあったことがわかる。先にも引用したその手紙の中身は、がまくんがかえるくんにとっての「親友」でありそれを「うれしく思って」いることをストレートに伝えた手紙である。もちろん①の場面で悲しい気分を分かち合うところなどからも、がまくんとかえるくんが極めて近い関係にあることは読者もわかるし、がまくん自身もそれに近い感情を抱いているに違いない。

しかし、がまくんにとって初めて目にする自分宛の手紙の中で、はっきりと「親友」という言葉で語られた自分たちの関係は、新鮮な響きを感じさせてくれるものであり、同時に実感を伴って受け入れられる特別なものとなってくる。さらに書かれ方に注目すれば、「親愛なるがまがえるくん」と相手への敬称で始まり、話し言葉とは異なる文体の本文が続き、「きみの親友、かえる」と最後に差出人の自署で締めくくるという、まさに「手紙」ならでは形式をふまえた、手紙らしい手紙である。そしてこれこそがまくんが望んでいた、手紙を通してつながるような新しい友だち関係であり、それが、がまくんの「ああ。」「とてもいい手紙だ。」という感動にもはっきり表れている。それまでのかえるくんとのやりとりでは見られなかった、がまくんの明るい反応であり、まさに新指導要領でも述べられている「登場人物の気持ちの変化」がはっきりとわかる部分でもある。

4 「お手紙」の新しい授業をどうつくり出すか

以上のような、各場面ごとの人物の描かれ方を丁寧におさえながら、新しい授業をつくり出していく。

この単元、授業を通して、子どもたちには作品中に表わされている登場人物の気持ちや、それに伴う行動の変化と、それらをもたらした他の登場人物や事柄との相互関係について考える力を身につけさせたい。「登場人物の変化」は、ただその箇所だけを単独で読み取るだけでは物語を理解したことにはならず、その変化を必然たらしめているような「仕掛け」と関わらせて読むことで初めて物語の全体像が見えてくるからである。

単元計画については以下のように考える。全6時間の計画である。学年は小学校2年生である。

一 表層の読み取り（1限）
1 動機づけ
2 教師の朗読
3 子どもたちの音読
4 簡単な感想の交流
二 構成・構造の読み取り（2限）
1 場面分け
2 クライマックスの発見
三 場面①～②の読み取り（3限）
四 場面③～④の読み取り（4～5限）
1 場面③前半の読み取り
2 場面③後半（クライマックスまで）の読み取り
3 場面④の読み取り、テーマまで
五 作品の感想の交流（6限）

ここでは、先の「場面①～③までの教材研究のポイント」で示した内容を全て読んできたことを前提として右の四・3「場面④の読み取り」についての具体的な授業展開を提案したい。対象とするのは次の文である。

ふたりとも、とてもしあわせな気もちで、そこにすわっていました。

この文について、まず次のような主発問を行う。

「とてもしあわせな気もち」ってあるけれど、中身がわかっている手紙なのに、なぜ二人は「とてもしあわせな気もち」でその手紙を待っているんだろう。

これ以前の授業では、例えば場面①の読み取りの中で、がまくんにとってかえるくんは、「かなしい気分」を共有してくれるほどの友人であることを読んでいる。さらに、場面③の読み取りでは、がまくんがかえるくんから手紙の中身まで聞いてしまっていることも読んでいる。にもかかわらず、そのかえるくんからの手紙をがまくんが、かえるくんと二人で「とてもしあわせな気もち」で待てるのはなぜか。このことを子どもたちに考えさせることで、作品のテーマにいよいよ迫っていくことができる。そこで次のように助言を行ってみてはどうか。

クライマックスのところでがまくんは「ああ。」「とてもいい手紙だ。」って言ったよね。がまくんはあのとき、何が一番うれしかったの？

この発問は、クライマックス部分を読む授業の中で、特にかえるくんが書いた手紙の中身を子どもたちとともに丁寧に読み取っていることを前提としている。ポイントとなるのは、「親愛なるがまがえるくん」という敬称つきの書き出しと「きみの親友、かえる」という自署で終わる手紙ならではの形式、さらに「ぼくは、きみがぼくの親友であることを、うれしく思っています。」というかにも手紙らしい文体である。実際の授業では、例えば口語的で子どもらしい「ぼく、かえるくんと仲良しでうれしいよ。」というような文を提示して比べさせてみることで、かえるくんが書いた手紙がいかにも「手紙」らしい文体で書かれていることに気づかせておくとよい。

そんな、今までがまくんが経験したことのなかった

「手紙」らしい「手紙」、そしてその「手紙」こそががまくんが望んでいた新しい友人関係によるつながりを示すものだからこそ、たとえその中身がわかっていても、それが到着するまでの時間を、「親友」という新鮮で大人っぽい響きをもった言い方でつながることになったかえるくんとともに「とてもしあわせな気もち」で待てるのである。

さらに、そのことと関わって、②の場面を振り返り、「とてもしあわせな気もち」を生み出しているもう一つの仕掛けに気づかせたい。そこで、次のように問いかける。

> かえるくんは自分で手紙を届けずにかたつむりくんにたのんだよね。かたつむりくんは、実際のお手紙の世界で言えば何の役目？

それが手紙を配達する「郵便屋さん」であることは、子どもたちも自分の日常生活からじゅうぶん想像できよう。

書いた本人が直接届けるのではなく、かたつむりくん（＝郵便屋さん）という第三者を介在させるからこそ、「手紙」がその書式や文体に加えていっそう「手紙」らしい「手紙」としての体をなし、だからこそ、いっそう「しあわせな気もち」でそれを待つことができるのである。さらにその配達役を任されたのが、よりによって生物界でも特に足の遅いことで有名な「かたつむりくん」だったことが、二人が四日間にもわたって「とてもしあわせな気もち」を共有できることになる「仕掛け」となっていることも、子どもたちから指摘させておきたい。

まさに「登場人物の相互関係」や一つ一つの事柄が「仕掛け」となって「登場人物の変化」や作品のテーマに収斂していくダイナミズムを、子どもたちに実感させることができるのではないだろうか。

参考文献

阿部昇「この教材でこの言語スキルを身につける『お手紙』（A・ローベル）」『国語授業の改革3』二〇〇三年、学文社

5　小学校―古典「表現」を重視した新しい授業提案
――「竹取物語」冒頭

加藤郁夫（京都府・立命館小学校）

【物語と小説の新しい授業提案】

1　新学習指導要領における「古典」

新小学校学習指導要領における「伝統的な言語文化に関する事項」を以下に抜き出す。（1・2年は省略）

> 〔第3学年及び第4学年〕
> （ア）易しい文語調の短歌や俳句について、情景を思い浮かべたり、リズムを感じ取りながら音読や暗唱をしたりすること。
> （イ）長い間使われてきたことわざや慣用句、故事成語などの意味を知り、使うこと。
> 〔第5学年及び第6学年〕
> （ア）親しみやすい古文や漢文、近代以降の文語調の文章について、内容の大体を知り、音読すること。
> （イ）古典について解説した文章を読み、昔の人のものの見方や感じ方を知ること。
> （傍線加藤）

中教審答申の「改正教育基本法等を踏まえた学習指導要領改訂」の中では、次のように述べている。

> 教育基本法第二条に規定された教育の目標において、今後の教育において重視すべき理念として、従来から規定されていた個人の価値の尊重、正義と責任などに加え、新たに、公共の精神、生命や自然を尊重する態度、伝統や文化を尊重し、我が国と郷土を愛するとともに、国際社会の平和と発展に寄与する態度を養うことなどが規定された。
> （傍線加藤）

「伝統や文化を尊重し、我が国と郷土を愛する」ことと「古典教育」の重視は密接な関わりをもつ。ここにあるのは、どのような力を子どもにつけていくかという観点ではなく、どのような価値観を子どもにもたせるのかという態度主義・道徳主義である。その問題性とともに、古典教育に関していえば、態度主義・道徳主義の教育が結果的には態度主義・道徳主義を裏切っていく危うさを持っていることをまず指摘しておく。

2　新学習指導要領における古典教育の問題

前節でみたように、小学校での古典教育の中心は音読と暗唱といえる。音読は古くから実践されてきた読みの力を鍛える有効な方法の一つである。すらすら音読できるということは、文章をある意味のまとまりとしてとらえることができるということである。また、外に声を出すことで、自分の読みを外在化し、自分の読みを客観化してとらえることにもなる。さらに、発声の訓練にもなる。

小学校低中学年では、子どもたちは意味がわからずとも音読することとそれ自体を楽しみ、喜んで取り組む傾向が強い。しかし、それは音読だけやっていればよいということを意味しない。小学校高学年から中学にかけては、音読にどう内容理解を絡ませていくかが課題となる。

また、「伝統や文化を尊重し、我が国と郷土を愛する」という言い方の背景には、「伝統や文化」は良きもの、学ぶ価値のあるものと考え、それを疑う姿勢は見られない。古典を「いつの世にも読まれるべき、価値・評価の高い書物」（『広辞苑』第六版）と考えるのである。その姿勢はともすれば古典の授業を、一方的な知識の伝達に終わらせてしまう危険性をもっている。

良き「伝統や文化」を教える、「国と郷土を愛する」ことを教えることが、教師から生徒への一方的な教えこみでしかないのであれば、それが生徒にとって魅力あるものとならないことはいうまでもない。

3　ことばの力を鍛える「古典」教育

古典教育は、日本語教育（国語教育）という大きな枠組みの中でとらえなくてはならない。現代語と無関係に古典に触れさせていけばよいのではない。生徒の日本語（母語）の知識・能力を高め、論理的思考力・認識力を発達させていく、そのような関係性の中で古典をとらえなくてはならない。

古典教育は従来このような観点では取り組まれてこなかった。特に高校段階では古典はあたかも別の言語を習うかのように教えられ、文法事項を「たたき込む」ような教え方がされてきた面がある。逆に中学段階では古典は難しいからということで、全訳が付いたものを合わせ用いたり、音読暗唱に終始したりと、軽く扱われてきた。どちらも古典を日本語教育という位置づけでとらえる点に弱さがあった。文語と口語は、切り離されたまったく別の言葉ではない。だからこそ、古典も子どもたちの日本語の力を鍛え育んでいくのである。

さらに、古典を通して昔を知ることを目ざすのではなく、古典を私たちが生きる今をとらえていくための「鏡」と考える。古典を通して学ぶのは昔の人々はこのように考えていたという知識ではない。過去を知ることを通して今の私たちのものの見方・考え方を見直し、とらえ直すのである。そうなってこそ、古典は今に生きるものとなっていく。

私は、小学校からの古典教育を考える上で、次の点に留意すべきと考えている。

①古典教材の暗唱・音読の重視
→古典を通して、日本語のリズムを体得することを目ざす

②内容理解を伴う暗唱・音読にする
→暗唱・朗読を生徒にとって意味のある、かつ興味・関心の持てるものとする

③古典教材の読解を通して、文学作品の読み方を身につけていく

④古典の理解を通して、今の自己や社会・世界のあり方などを考える視点を持つ

③について少し補足する。私たちは現代語の作品では、当然のことながら一語一文にこだわり、作品を読み深めていく。古典作品においても、それは可能である。後述する『竹取物語』では、似た言葉の差異に着目することで、人物関係を読み深めることができる。物語の冒頭を読むことは、時や場、人物を読むという現代の物語や小説の読みに通ずるものを持つ。表現の工夫や一つの助詞にこだわり、読みを深めることは古典教材といえども例外ではないのである。古典を読むことと現代語の作品を読むことは、方法の上でつながるのである。そのつながりがあることで、古典はいっそう子どもたちの身近なものとなるのである。

4 「竹取物語」の表現

今は昔、竹取の翁といふ者ありけり。野山にまじりて竹を取りつつ、よろづのことに使ひけり。名をば、さかきの造となむいひける。その竹の中に、もと光る竹なむ一筋ありける。あやしがりて寄りて見るに、筒の中光りたり。それを見れば、三寸ばかりなる人、いとうつくしうてゐたり。翁言ふやう、「我朝ごと夕ごとに見る竹の中におはするにて知りぬ。子になりたまふべき人なめり。」とて、手にうち入れて、家へ持ちて来ぬ。妻の嫗に預けて養はす。うつくしきこと限りなし。いと幼ければ、籠に入れて養ふ。

『竹取物語』は、「物語の出で来はじめの祖」といわれる日本の物語文学の原点といえる作品である。これまで中学一年の教材としてよく採られている。そこでは、「かぐや姫の発見」から「昇天」までのストーリーをダイジェストで教えることに重点がおかれ、一つ一つの表現にこだわった読み取りはほとんどなされていない。しかし、それでは古典は魅力的なものとはならない。

では、どのように読んだらよいのだろうか。

竹取の翁は、どのようにしてかぐや姫を見つけたのだろうか？　翁は、ほんとうに竹を切ったのだろうか？ここで注意したいのは「筒の中光りたり」である。単に光っているのであれば、「筒光りたり」でよいはずである。「筒」と「筒の中」とではどう違うか。「筒光りたり」は、筒の外側が光っているのであり、中がどうなっているかは問題にしない。「筒の中光りたり」とは、「筒の中」から光りが出ていることであり、当然筒の中が見えていることになる。「それを見れば、三寸ばかりなる人、いとうつくしうてゐたり」の「それ」は「筒の中」を指す。つまり、筒の中が透けて見えており、その中を見るというのだから、ここで翁が「三寸ばかりなる人」を見つけたのは、竹を切って見つけたのではないことになる。

絵本やさし絵などには、翁が竹を切って「かぐや姫」を見つけたように描かれているが、原文を読むかぎり、翁が竹を切ることは書かれていない。「筒の中光りたり」「それを見れば」という表現を丁寧に読むことで、「かぐや姫の発見」の不可思議さが見えてくるのである。

さらに、翁は「竹取の翁といふ者」と表現され、「かぐや姫」は「三寸ばかりなる人」と表現される。「者」と「人」、一見ほとんど同じように見える言葉である。

光村図書や東京書籍の中1の教科書では、どちらも「人」と口語訳されている。[1] しかし、「者」と「人」は同じではない。同じであるならば、どちらかの表現にそろえてもよかったはずである。そのようなこだわりを持つことが、古典教材を読み深めることにつながっていく。

「者」という言葉は、「人」よりも一段低くみた言葉である。「者」は、辞書で次のように説明されている。

> 社会で一人前の人格的存在であることを表現するヒト（人）に対して、ヒト以下の存在であるモノ（物）として蔑視あるいは卑下した場合に多く使う表現
>
> （『岩波古語辞典補訂版』）

この違いにこだわることから、両者がどのように語られているか、その違いが見えてくる。語り手は、翁よりも「かぐや姫」の方を身分（位）が一段上のものとして語っているのである。それゆえ、その後の翁の言葉において「我朝ごと夕ごとに見る竹の中におはするにて知りぬ。子になりたまふべき人なめり」と敬語が用いられるのである。「者」と「人」という似ていることばに着目し、その差異を読むことで、語り手が翁とかぐや姫の関係をどのようなものとして描こうとしているかが見えてくるのである。

5　「竹取物語」の新しい授業提案

以下の授業提案は、立命館小学校・第三回公開授業研究会（二〇〇九年二月六日）において5年生を対象として行ったものである。この単元では、以下のことを目標とした。

①内容理解を伴った音読・暗誦ができる。
②「今は昔〜」という物語の定型的な語り出しを理解し、「時・場・人物」という物語における三要素をとらえる。
③表現の違いに着目することで、人物関係を読む。
④読みの方法を意識化し、物語の読み方を身につける。

教師①　この文章で、似た言葉ではっきりと使い分けているところがあります。どれでしょう。
子ども　「人」と「者」
教師②　そう。それでは、それは、どう違う？　ここで応用問題。

熱のある（　）は申し出てください
熱のある（　）は申し出よ

教師③　（　）に「人」「もの」のどちらを入れる？
子ども　熱のある（人）は申し出てください。
子ども　熱のある（者）は申し出よ。
教師④　ここから「人」と「者」の違いが見えてくるね。
子ども　「者」の方が、見下ろして言っている。「人」の方が、上の方を見ていっている。
教師⑤　いいですか？そうすると……
子ども　「竹取の翁」は作者より下の人。「三寸ばかりなる人」（かぐや姫）は作者よりも上の人。
教師⑥　ということは、この二人を比べたら、どっちが上なの？
子ども　「三寸ばかりなる人」
教師⑦　「者」と「人」の使い分けから、ここでは翁よりもかぐや姫の方が位が上だということが分かる。
その証拠が次にある。次を読んでいきましょう。

「翁言ふやう、「我朝ごと夕ごとに見る竹の中におはするにて知りぬ。子になりたまふべき人なめり。」とて、手にうち入れて、家へ持ちて来ぬ。」までを一斉に読む

教師⑧　「我、朝ごと～」までこのカギ括弧でくくったところは？
子ども　おじいさんの言葉
教師⑨　ここで使われている「おはする」というのは「いらっしゃる」という意味。こういう言葉を何というの？
子ども　敬語
教師⑩　おじいさんは見つけた段階で、相手のことよく分かっていないのに、敬語を使っている。そして「子になりたまふべき」の「たまふ」も敬語。最初の段階からおじいさんは敬語を使っている。それはさっき見た「者」と「人」の使い分けと重なるね。
「人」と「者」という言葉の使い分けから、おじいさんとかぐや姫の関係が見えてくる。似た言葉を比べて、その違いを考えていく、そういう読み方を覚えておいてください。

注
（1）これ以外にも、小学校での古典教育に関わる著作で「者」を「人」と口語訳しているものはいくつか見られた。

【物語と小説の新しい授業提案】

6 中学校—小説「批評」を重視した新しい授業提案
——「走れメロス」(太宰治)

丸山 義昭(新潟県立長岡大手高校)

1 新学習指導要領における「批評」について

中学校の新学習指導要領の『読むこと』の指導事項」には、「自分の考えの形成に関する指導事項」の一つとして、3年では「文章を読み比べるなどして、構成や展開、表現の仕方について評価すること」が盛り込まれている。さらに、その言語活動例として、「物語や小説などを読んで批評すること」が挙げられている。そして、「解説」では、この「物語や小説などを読んで批評する言語活動」について次のように書かれている。

物語や小説を読み、作品の内容や登場人物の生き方、表現の仕方などについて批評する活動である。「批評」とは、対象とする物事や作品などについて、そのもののよさや特性、価値などについて、論じたり、評価したりすることである。物語や小説を適切に批評するためには、文章を主観的に味わうだけでなく、客観的、分析的に読み深める力が求められる。そのためには、語句や描写などについて、その意味や効果を評価しながら読むことが大切である。(以下略)

右の記述では、「語句や描写」の「意味や効果」をどのように「評価」することが「適切な批評」につながるのか、いま一つ分からない。評価の観点が明確に示されていないからである。また、「批評」とは、作品の「よさや特性、価値などについて、論じたり、評価したりすること」とあるが、ここには、「よさ」など肯定的な評価だけでなく、批判的な評価も入れるべきだろう。

しかし、今回、物語・小説の「批評」が取り上げられたことについては、私たち読み研としてもその必要性を主張してきただけに、ひとまず歓迎しておきたい。

本稿では、小説を評価・批評する授業について、具体的に提案していく。教材は、中学校2年の「走れメロス」（太宰治）である。「走れメロス」は、その劇的な展開、一見明快なテーマ、スピード感のある文章、漢語の多用と文語調の格調高い言い回し等によって、中学生には人気のある作品である。

しかし、一方でこの小説については、以前よりさまざまな欠点、問題点と考えられることが研究者らによって指摘されてきた。本稿では、そうした先行研究に学びながら、この教材でどういう批評の授業が可能か、批評の観点を示しながら、批評の授業がどうあるべきかも含めて、述べていきたい。

2　メロスの人物像と「語り」の特徴について

小説の登場人物に同化するだけでなく、その人物像を対象化し、相対化して読むことがまずは批評につながる。描かれている人物像に矛盾、不統一なところがないかどうか、追究していくのである。その際、矛盾・不統一と思われる箇所については、分析的な読解によって、整合性のある説明がつくのかどうか十分な検討が必要となる。分析的な読みの力はここに関わってくる。

メロスが「のそのそ王城に入っていった」ところを見ると、捕まるために入っていったととられても仕方がない。そこで、薄井道正は「もしかすると、最初からメロスは、王に〈信実〉を知らしめるための〈賭け〉を挑むために、入城したのかもしれない」と読む[1]が、「聞いて、メロスは激怒した。『あきれた王だ。生かしておけぬ。』／メロスは、単純な男であった。」からの流れで自然に読めば、やはり王を殺すため、しかし殺すにしては何の策もない単純さ、王に反駁するところを読んでも、全身これ信念の塊、「信実」の価値を微塵も疑わず実行する人物である。そのことを分かっているからこそセリヌンティウスも人質となることを無言で承知したのである。ここまでのメロスの言動は、いきあたりばったりの単純なものであるが、それは信実を体現する己に対する絶対の自信と表裏一体のものである。

そのメロスの単純明快、強固な人物像に揺れを生じさせるのが、まずはメロスの王に対する口調の変化である。「メロスは足もとに視線を落とし瞬時ためらい、『ただ、わたしに情けをかけたいつもりなら、処刑までに三日間の日限を与えてください。』」以下、急に「ですます」体に変わるところ、薄井共著の前掲書では「メロスの心の動揺・混乱を表すもの」とし、「メロスが王に対して卑屈になっている。メロスの人間的なところ、あるいは弱さもよみとれる」とする一方で、「メロスの性格の非一貫性を示しているとも思える」と述べている。

正しいかどうかは別として、この口調の変化に対する違和感にまず「批評」の芽がある。当初語られていたメロスの人物像に矛盾・破綻が生じているとも読めるからである。そういう点では、妹の結婚の祝宴で、「少しでも長くこの家にぐずぐずとどまっていたかった」とメロスが「未練の情」を起こす箇所も、普通の人の弱さとして、メロスらしくないと指摘できる。

いや、実は、メロスも人間的な面が当然あって、妹の結婚式のためとあらば「卑屈」ともとれる口調になるし、祝宴となれば「未練の情」も生じよう。隣村に着くまでには逡巡も断ち切らねばならなかった。メロスの人物像としては、陰翳が生じ、人間的な奥行きが出たのだ、実はそんなに単純な人間ではなかったのだと肯定的に解釈することもできる。メロスの二面性とおさえるわけである。授業としては、まずはそれぞれの見方を明らかにすることが肝要であろう。

ところが、メロスが最後、刑場に着き、セリヌンティウスと殴り合う場面で、この「未練の情」を抱いたことを詫びないのは「語り」の破綻であり、メロスがそうなら、メロスの「未練の情」や「逡巡」を語り手が批評しなければならなかったと田中実は主張する。「メロスのなした約束は生と死を超えて結ばれる一種の絶対性を持っていたのだ。ところが、メロスはそれを本当のところは気付いていなかったし、〈約束の絶対性〉を内面的に捉えていなかったのである」と田中は批判するのである。[2]

リアリズムという観点から、仮にメロスの二面性を許容するとしても、水を飲むことによってあっけなく歩き出し、「未練の情」の方は自覚していないメロスの底の浅さ、さらに、小説の後半、メロスと一体化して、こうしたメロスの言動および内面の倫理的不徹底を放置する語り手の問題は、「批評」の授業としては取り上げたいところである。

その際、語り手と登場人物の関係（距離）を測定することが大切である。「走れメロス」のように、語り手と主人物の関係が密接で、一体化もしている場合、読者は、お話に乗せられやすい反面、醒めてしまいやすい。それは、語り手が主人物を批評しないからである。語り手が主人物の抱える問題をとことん突き詰めず、主人物と一緒になって、上滑りしていると厳しく言えば言えよう。

3 「走れメロス」の批評の授業をどう作るか

批評の授業の入門として、ひとまず、右のようなメロスの人物像に見られる底の浅さに気がついていくような授業を構想していく。主人物に同化するだけでなく、対象化し相対化することによって、その人物像の矛盾や不徹底を指摘し得る力をつけていくことがねらいである。

全10時間計画の単元計画である。学年は中学校2年生。

一 表層の読みとり（1限）
1 教師の範読
2 簡単な感想の交流
3 難語句の指導
二 構造の読みとり（2限）
三 形象・主題の読みとり（3限～7限）
四 批評の読みの指導（8限～10限）
1 批評のために、評価的な感想や意見を書かせる。
2 論題を絞って、話し合い・討論をおこなう。
3 討論の結果明らかになったことをまとめて、さらに批評の文章を書かせる。

それでは、批評の読みの指導過程（一例）について述べる。「走れメロス」を読んで、（A）感動したところ、気に入ったところ、よくできていると感心したところ、（B）気に入らなかったところ、おかしいと思ったところ、ひっかかったところを書きなさい――と指示する。

丸山が二〇〇九年五月の授業で高校3年生たちに書かせたところ、こちらが予想した意見が大体みな出た。（B）の内から、ここで五つだけ紹介する。（それぞれ同様の意見が複数出た。ただ、「未練の情」の問題は誰も出さなかった。）

a　もっとセリヌンティウスとの関係や王がなぜ変わってしまったのかというところを詳しく書いたほうがいいと思いました。

b　はじめの国王とメロスの口論の場面で二人で暴言を吐き合っているのに、突然メロスがへりくだって王に対して丁寧すぎるほどの敬語になっているところ。

c　メロスは偉いことを言っておきながら心は弱く揺れやすい。

d　あきらめの回想シーンが長かったにもかかわらず、すぐに立ち直るところ。

e　王は調子がよすぎると思う。さんざんに暴言を吐いて、刑場に引き出されたセリヌンティウスをからかっていたのに、物語の最後で手の平を返したように態度が急変するのはあまりにも不自然だと思う。

授業では、bcのような意見を出発点にして、メロスの人物像は二面性を持つものという読みに立つのか、破綻と言わざるを得ないという読みに立つのか、皆で検討していくなかで、それぞれの見方を明らかにしていく。その中で、「未練の情」の問題を取り上げればよいと考える。以下はその問答・討論のシミュレーションである。

教師①　最後の場面で、メロスが「未練の情」を詫びないのは、問題だと思う？　それとも思わない？

子ども　問題だと思う。

子ども　問題だとは思わない。

教師②　それではまず、問題だとする理由は？

子ども　セリヌンティウスは「わたしはこの三日の間、たった一度だけ、ちらときみを疑った。生まれて、初めてきみを疑った」と言っている。ちらっとメロスを疑うことでも、二人の関係では裏切り行為だし、メロスを信じていたからこそセリヌンティウスは人質になったわけだから、「未練の情」を抱いたことは、同じように裏切り行為になる。

子ども　「未練の情」は「悪い夢」に比べて、言うほどのものではないし、人間的で、これくらいは許せる。それに、「悪い夢」の中に「未練の情」も含めて考えていいのでは？

教師③　「未練の情」と「悪い夢」は、同じように重大なものなのか、それとも違うものなのか、どっち？

子ども　違うと思う。「未練の情」は、とにかく約束を守ろうとしている時に、自然な気持ちとして起きている。セリヌンティウスを裏切ろうなどとは考えていない。ところが「悪い夢」の方は、「もういっそ、悪徳者として生き延びてやろうか」と言っていて、積極的に裏切ることまで考えている。

教師④　同じとする人たち、反論は？

子ども　同じというより「未練の情」の方がもっと悪いと思う。「悪い夢」のところは、もう肉体的に限界で、走れなくなっているから、自己弁護して、わざと悪徳者になってやろうかなどと考えている。走りたくとも走れないのだから、仕方がないと思う。しかし、「未練の情」は、肉体的に追い詰められた時ではない、まだ余裕のある時に起こしている。

子ども　「未練の情」は人間として自然な感情で、持ってもいいのではないの？

子ども　そういう感情を持ったのは仕方ないとしても、それをちゃんと最後の場面でセリヌンティウスに告白すべきだったのではないか。それを告白し詫びなかったということは、メロスは「未練の情」を持ったことを悪いことだと自覚していないことになる。

教師⑤　この問題は、メロスがどういう人物として描かれているかということと切り離して考えることはできないね。彼は「信実」を疑わない人、「信実」を実行する人であり、だからこそセリヌンティウスも人質になることを承諾した。その彼が「未練の情」を悪いと自覚していないとしたら？

子ども　自分に甘い。人物像としては中途半端。

教師⑥　では、もしメロスがそれを告白し、詫びていたら、メロスの人物像は、そしてこの小説は、どう変わるだろうか？

注

（1）大西忠治編著／薄井道正・都留文科大大西ゼミ　執筆『教材分析ノート　走れメロス』一九八八年、民衆社

（2）田中実『小説の力』一九九六年、大修館書店

＊その他の参考文献　田中実／須貝千里編『文学の力×教材の力』二〇〇一年、教育出版

＊物語・小説の吟味・批判の必要性については、阿部昇が『国語授業の改革 4』二〇〇四年、学文社、で「走れメロス」などを例示しつつ述べている。

【説明文とＮＩＥの新しい授業提案】

７　小学校―説明文「構成」を重視した新しい授業提案

――「花を見つける手がかり」（吉原順平）

加藤　辰雄（愛知県名古屋市立明治小学校）

１　新学習指導要領の「構成」

小学校学習指導要領解説には、小５・小６年の「書くこと」の中に「構成に関する指導事項」が挙げられており、「自分の考えを明確に表現することを重視して文章全体の構成の効果を考える」ことが大切であると述べている。

そして、文章全体の構成として、「説明的な文章では、『序論―本論―結論』『現状認識―問題提起―解決―展望』などがある」と例示している。

「序論―本論―結論」は何らかの仮説を論証しようとする論説文の構成である。これに対して、説明文はある事柄や考えについてわかりやすく読者に説明するもので、「前文―本文―後文」という構成である。どちらも、三部構成になっていて、文章全体を把握するときに、わかりやすい。

「構成」という用語は「書くこと」の分野で明示されているが、「読むこと」の分野でも、文章の内容を的確に押さえるためには、「構成の仕方や巧みな叙述などについても注意することが大切である」と述べている。

したがって、この稿では、とくに文章全体の「構成」に着目した説明文の授業について、提案をしていく。教材は、小４教材「花を見つける手がかり」（吉原順平）である。

この説明文はもんしろちょうが何を手がかりにして花を見つけるのかを確かめた実験とその考察が述べられている。はじめに「花だんの花」での実験と考察、次に

「造花」での実験と考察、さらに「色紙」での実験と考察によって結論に至るといった文章構成になっていて、子どもたちにはわかりやすい内容となっている。

　そのため、実験の面白さや考察にだけ着目して読み進めてしまい、文章全体の構成を意識して読むことをおろそかにしてしまいがちになる。

　この説明文では、前文・本文・後文の役割に着目させながら、文章全体を三つに分ける作業を通して、文章全体の構成を読み取らせることができる。

　また、本文をいくつかに分ける作業を通して、段落の相互関係を読み取らせることもできる。

　以下、「花を見つける手がかり」の「構成」の読み取りを重視した新しい国語授業の構想を提案していく。

2 「花を見つける手がかり」の「構成」

「花を見つける手がかり」は、生物学者である日高敏隆氏と東京農工大の人たちが、もんしろちょうは何を手がかりにして花を見つけるのかを実験し、考察した内容の紹介が中心の説明文である。実験内容は、花の「色」「形」「におい」のどれかを確かめるもので、最終的にもんしろちょうは「色」を手がかりにしているという結論になっている。

「花を見つける手がかり」の文章構成は、前文・本文・後文という三部構成になっている。

前文	1 2	導入 問題提示
本文	3―13	本文1　3 4　実験者紹介と準備 本文2　5〜8　実験1（花だん） 本文3　9〜10　実験2（造花） 本文4　11〜13　実験3（色紙）
後文	14 15	結論 筆者の考え

前文では、1段落で「もんしろちょうは、日本じゅうどこにでもいる、ありふれたちょうです」と述べ、話題提示している。さらに、「みなさんも知っているように」と述べて読者を引きつけ、「もんしろちょうは、花に止まって、そのみつをすいます」と興味をもたせるような導入をしている。

そして、2段落では「もんしろちょうは、何を手がかりにして、花を見つけるのでしょう。花の色でしょうか。形でしょうか。それとも、においでしょうか」と問題提示している。その問題提示は、「色」「形」「におい」のどれかを選択する問いであり、子どもたちにとっては謎解きのような魅力のある問いである。

本文では、前文で問題提示された「色」「形」「におい」の答えを実験による消去法で消していき、最後に「色」が残るという論理の進め方をしている。

本文1は、実験者の紹介と青虫から育てたもんしろちょうをたくさん準備したことを述べている。

本文2は、花だんを使った「色」の実験について述べている。もんしろちょうは、赤い花にはあまり集まらなかったと述べているが、このことで「色」を手がかりにしていると結論づけるのは早いとも述べている。「色」か「におい」かを確かめる実験が必要だからである。

8段落は、「色」の実験について述べているので、本文2に含まれると考えられるが、「色」か「におい」かを確かめる別の実験の必要性も述べているので、本文3がここから始まると読めないこともない。8段落は、本文2か本文3かをめぐって、十分に論議させるようにする。

本文3は、「色」か「におい」かを確かめるための造花を使った二つめの実験について述べている。造花を使った実験でも、赤い色にはあまり集まらなかったことを述べている。

このことにより、「色」「におい」「形」の三択のうち「におい」が消去される。

本文4では、「色」か「形」かを確かめるための色紙を使った三つめの実験について述べ、四角い色紙にももんしろちょうが集まったと述べている。

このことにより、「色」「形」の二択のうち「形」が消去され、問いの答えは「色」に絞られる。

「色」に絞られたことが、よくわかるのは14段落の「もんしろちょうは、色によって花を見つけること、赤い花は見えないらしいことがわかりました」である。そのため、14段落を本文4と考えられないこともない。

しかし、14段落は、三つの実験から導き出された結論であり、問いの答えになっているので後文と考えられる。14段落が、後文か本文4かをめぐって、十分に論議させるようにする。

3 「花を見つける手がかり」の新しい授業をどうつくり出すか

前文・本文・後文に分ける作業では、⑭段落が後文か本文4かをめぐって論議することによって、問いと答えの関係に着目して読み取る力を育てる。また、⑭段落の書かれ方の曖昧さを吟味する力も育てる。

本文を四つに分ける作業では、⑧段落は本文2か本文3かをめぐって論議することによって、段落の相互関係に着目して読み取る力を育てる。また、⑧段落の書かれ方の曖昧さを吟味する力も育てる。

次のような単元計画を立てた。全8時間計画である。学年は、小学校4年生である。

一 表層の読み取り（1限）
1 動機づけ、段落番号書き
2 教師の範読
3 子どもたちの音読
4 簡単な感想の交流
初めて知ったこと、不思議に思ったことを交流し合う。

二 三部構成の読み取り（2限）
1 前文―本文―後文の把握と吟味
2 問題提示の把握

三 本文構成の読み取り（3～5限）
1 実験内容の把握
2 考察の述べ方の把握
3 本文1～本文4の把握と吟味

四 要約・要旨の読み取り（6～7限）

五 感想の交流（8限）
学習してわかったこと、新しく出てきた疑問などについて感想を書き、交流し合う。

4 三部構成を把握させる指導過程

三部構成を子どもたちに学ばせる場合、まず最初に説明文は問題提示している段落（前文）、それについて答えたり具体的に説明したりしている段落（本文）、文章全体のまとめや筆者の考えを述べている段落（後文）があることを教える。

その上で、「花を見つける手がかり」に入り、次のように発問する。

教師①　この文章を、前文・本文・後文に分けてみよう。

全員の子どもたちが、前文・本文・後文に分けたのを確かめてから、発表させる。

教師②　前文は、どれですか。理由も言ってください。

子ども　1 2段落です。1段落は、もんしろちょうが花に止まって蜜を吸うことを紹介しています。2段落は、もんしろちょうが何を手がかりにして、花を見つけるのか考えてみようと書いてあります。

教師③　2段落に問題が示されているので前文だというんだね。どの言葉でわかるかな。

子ども　花の色でしょうか。形でしょうか。においでしょうか。と質問する形になっています。

教師③　本文は、3段落から何段落までですか。理由も言ってください。

子ども　13段落までだと思います。本文には、三つの実験が書いてあって、13段落でその実験が終わるからです。

子ども　14段落までだと思います。13段落には、もんしろちょうは色によって集まり方がちがうことが書いてあって、14段落は色によって花を見つけるとまとめて書いてあるので、説明が続いているからです。

教師⑤　では、13段落までか、14段落までかを班で話し合ってみよう。

班の中で十分に話し合って、13段落か14段落かで意見を一つにまとめさせる。どうしても、まとまらない場合は、二つの意見を発表させる。

教師⑥　13、14段落のどちらまでが本文か、意見を言ってみよう。

子ども　13段落までだと思います。本文には、実験が三つ書いてあります。一つめは花だんの花を使った実験、二つめは造花を使った実験、三つめは色紙を使った実験です。13段落は色紙を使った実験で、14段落は色紙を使った実験のことではないからです。

子ども　その意見に反対です。13段落でも色によって花を見つけると書いてあるので、同じ内容だからです。

子ども　わたしも14段落までだと思います。13段落にも14段落にも赤い色はもんしろちょうが集まらなかったことが書いてあって、同じ内容だからです。

子ども　ぼくは、13段落までだと思います。赤い色にもんしろちょうが集まらないという説明は、7段落や10段落にも書いてあるので、14段落の〈赤い花は見えないらしい〉というのは、13段落のことだけではないと思います。

子ども　わたしもそう思います。14段落には、〈このような実験から〉と書いてあるので、三つの実験のことをまとめていると思います。

教師⑦　14段落が13段落の続きの説明なら、〈このような〉ではなく、何と書いてあるはずなのかな。

子どもたち　〈この実験〉

教師⑧　14段落が後文なら、問いに対する全体のまとめになっているはずです。前文の問いは、何でしたか？

子ども　「花の色でしょうか。形でしょうか。それとも、においでしょうか。」

教師⑨　14段落には、まとめて何と書いてあるのかな。

子どもたち　「色によって花を見つけることがわかった」

本文は13段落までということを確認する。

【説明文とＮＩＥの新しい授業提案】

8　小学校―説明文「段落相互の関係」と「大事な文」を重視した新しい授業提案
――「すがたをかえる大豆」（国分牧衛）

鳥谷　幸代（秋田大学教育文化学部附属小学校）

1　新指導要領における「段落相互の関係」と「大事な文」について

説明文の読みの力として「要点」をとらえることは欠かせない。要点をとらえる指導の手順として、段落の中で中心となる文を見付けることから始め、徐々に、子どもたちに自身が抜き出した一文を短くまとめる力をつけていきたいものである。

新指導要領では、第1学年及び第2学年で「文章中の大事な言葉や文を書き抜くこと」、第3学年及び第4学年で「目的に応じて、中心となる語や文をとらえて段落相互の関係や事実と意見との関係を考え、文章を読むこと」が加えられた。これまでに比べて、段落の大事な内容をとらえることを重視した方向が示されている。

こうしたことから、これからの説明文の読みでは、中学年で「段落相互の関係」と「大事な文」について適切な指導を行うことが求められる。その指導が高学年で、要点や要旨を的確にとらえる読みの能力を左右することになるからである。

「大事な文」を正確に読み取ることと、「段落相互の関係」がどのように結びついていけばよいのか、そして、その学習活動を支える手立てとして、どのようなことが考えられるだろうか。そこで、第3学年の教材「すがたをかえる大豆」について、段落と段落のつながりに着目して、筆者の述べ方の工夫について話し合う場を設ける授業を構想した。

2　新指導要領における説明文の指導

これまでの説明文における読解では、形式段落ごとに要点をまとめ、意味段落をもとにして要点をまとめる授業が多かったと考える。本単元では、説明文の理解を書く力につなげていく読みを目指し、論理的に説明するために何を学べばいいかを着眼点にした。

読解を通して押さえたのは、次の三点である。

> ①説明的な文章は主に「はじめ」・「なか」・「おわり」で構成されている。「おわり」には筆者の考えや感想が書かれている場合が多い。
> ②順序を表す言葉を使うことで、読み手に分かりやすく事柄を述べることができる。
> ③説明の順序には、時間の流れに沿った順序ではないものがある。事柄を説明する順序を工夫すると、説明を受ける側により分かりやすく伝えることができる。

本単元は、説明文を読んだ後、自分で調べたことを説明文の形式で書く構成をとった。教材文として「すがたをかえる大豆」を選んだのは、題材に身近な大豆を取り上げていること、自分で説明文を書くことにつなげていくための教材として、事柄の順序による文章構成を知るための読み取りに適していることからである。

教材文では、大豆が本来の形に手を加え、さらに加工されて、だんだん形が見えなくなっていく順序で、すがたをかえることを説明している。大豆が「すがたをかえる」ことは、「はじめ」にあたる第1段落で「大豆は、いろいろな食品にすがたをかえている」、「おわり」にあたる第8段落で「大豆はいろいろなすがたで食べられています」と、似たような表現で書かれている。「すがたをかえる」は子どもたちにとって、文章を順序立てて読み進めなければ意味がとらえにくい言葉だと考える。そこで、文章の中で何度も出てくるキーワードとなる言葉をもとに各段落で重要な文を読み取り、その後、段落と段落のつながりを考えていく読みにこだわってみた。

低学年で、体験したことを時間の順序が分かるように書く学習を重ねてきた子どもたちにとって、論理的に説明する表現の仕方を学ぶことは、国語科に限らず他教科の学びでも生かすことができると考えた。「はじめ」「なか」「おわり」の構成を知り、筆者が述べる事実と、考えや意見、感想を区別して読み進めることは、文章を正しく読む力を育てることにつながる。また、教材文での学びを論理的な文章にまとめて書く際に生かしていくことができると考え、読み書き関連の単元を構成した。

3 「すがたをかえる大豆」の新しい授業提案

以下の実践は、秋田大学教育文化学部附属小学校・平成二十年度公開研究協議会（二〇〇八年六月十三日）において、三年生の提案授業として行ったものである。

(1)単元の目標

・身近な食べ物に関連のある文章や資料を選択し、進んで読んだり調べたりしようとする。

・柱となる語や文を見付けながら、文と文のつながり方や事柄の順序のもつ意味に注意して文章を読むことができる。（「大事な文」を「柱の文」と言いかえる。）

・すがたをかえる食べ物について調べた情報を整理し、文章の構成を工夫して分かりやすく書くことができる。

(2)学習の構想（総時数12時間）

1 『すがたをかえる大豆』を読み、分からない言葉や読み方の分からない語句を見付け、意味調べをして言葉のイメージをもつ。（1時間）

2 大豆をおいしく食べるための五つの工夫を読み取り、筆者の述べ方の工夫を手がかりに、段落と段落のつながりと、「はじめ」・「なか」・「おわり」の文章構成について理解する。（5時間）

・話題提示をしている段落を探し、そのまとめと感想が書かれている段落を確かめ、「はじめ」と「おわり」をとらえる「なか」の部分を読み、繰り返し出てくる言葉「くふう」を手がかりにして、各段落の柱となる一文を抜き出す。

・「なか」の部分を説明する事柄の順序に着目させて、筆者の述べ方の工夫について話し合う。

3 すがたをかえる食べ物の中から調べたい食べ物を決めて本や資料を調べ、分かったことをカードに書き出し、整理する。（3時間）

4 自分の考えが明確になるように段落相互の関係を考えて、六〇〇字～八〇〇字程度の説明的文章を書く。（2時間）

5 書いた説明文を読み合い、表現の良さにふれ感想を交流する。（1時間）

【3限】（学習構想の「2」）

「はじめ」「なか」「おわり」の文章構成をとらえることがねらいである。本文を読むと、「はじめ」の部分に

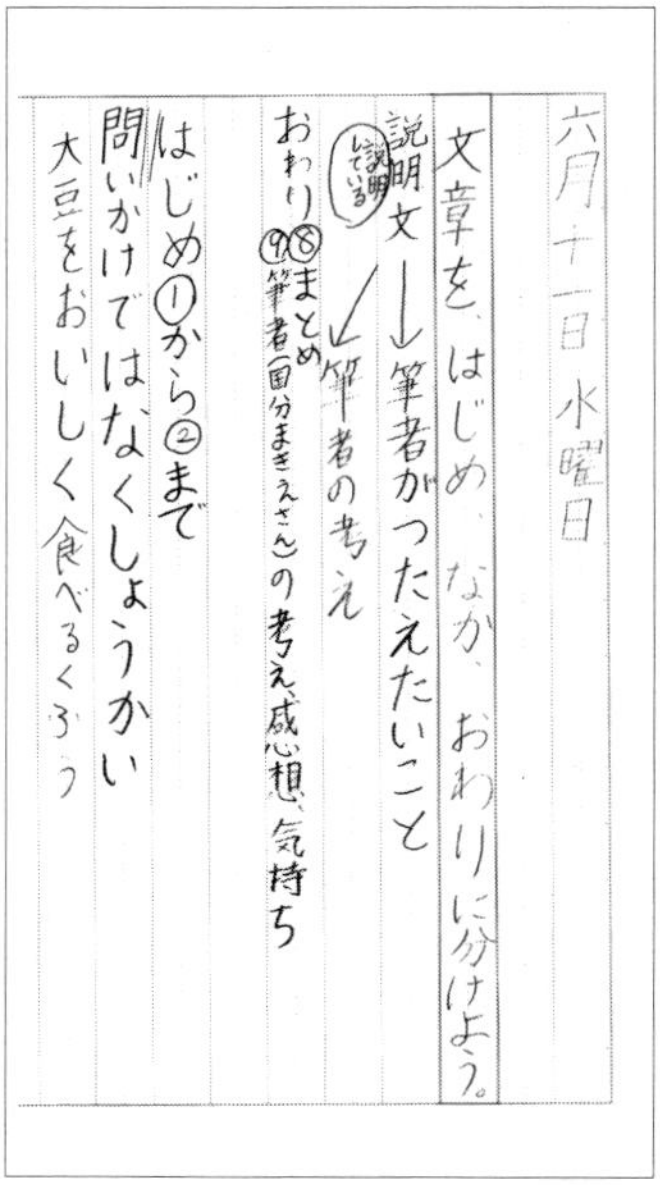
六月十一日水曜日
文章を、はじめ、なか、おわりに分けよう。
説明文→筆者がつたえたいこと
説明している
筆者の考え
おわり⑧⑨まとめ
⑨筆者(国分まきえさん)の考え感想、気持ち
はじめ①から②まで
問いかけではなくしょうかい
大豆をおいしく食べるくふう

は問題提起が書かれていない。これまで、「問い」と「答え」の関係がはっきりしている説明文を読んできた子どもたちにとって、「はじめ」を見付けることは難しいと予想した。そこで「おわり」の部分から見付けさせるようにし、「おわり」には、まとめと、筆者の考えや感想が書かれている場合が多いことを押さえた。

「はじめ」は第1段落の終わりまでなのか、第2段落の終わりまでなのか、なかなか結論が出なかった。子どもたちは今まで学習してきた説明文とは違う、すっきりしないと話している。問いかけの文が見つからないと言う。第1段落にある「なんだか分かりますか。」は問いかけの文なのだけれど、「それは、大豆です。」と、すぐに答えが述べられている。でもそれでは、この後の説明につながっていかないと熱心に話し合いが続いた。

終末では、「はじめ」の部分には、筆者がこれから説明したいことを紹介していることもあるのだと話した。「問いかけ」と「話題提示」の違いを学び、第1～第2段落が「はじめ」であることを確認した。

【4限】

第3段落から第7段落までを読み、繰り返し出てくる言葉「くふう」や題名と関係のある言葉「すがたをかえる」に着目して、大豆をおいしく食べるための五つの工夫を読み取ることがねらいである。

第3段落から柱となる文を抜き出す時に、子どもたちから二つの意見が出された。一つは、段落の始めに書かれている文「いちばん分かりやすいのは、大豆をその形のままいったり、にたりして、やわらかく、おいしくするくふうです。」。もう一つはその次に書かれている文「いると、豆まきに使う豆になります。」である。段落で述べたいことを簡潔にまとめている文が大事だという意見と、段落の中で一番具体的なことが述べられている文が大事だという意見が出され、話し合いを進めた。これ

から、抽象と具体を区別して読み進める力をつけるために、大事なステップとなる場面である。

ここで、本文に立ち返り、話題提示にあった「いろいろ手を加えておいしく食べるくふうをしています。」の文に着目し、「くふう」というキーワードを押さえた。すると、第3段落で大事な文は、「くふう」について述べている最初の文ということに落ち着いた。

教材文『すがたをかえる大豆』のよさは、大事な文が各段落の柱の文（トピックセンテンス）になっていることである。もちろん、段落を読み進めるにつれてこどもたちはそのことに気付いた。段落の最初に大事なことを述べると、

読み手にとって説明が分かりやすいことにも気付いた。

【5限】（学習構想の「2」）

〈本時のねらい〉

段落と段落がどのようにつながっているかに着目して、筆者の述べ方の工夫を読み取ることができる。

〈学習活動〉

一　段落を入れ替えて提示された文章を音読し、気付いたことを発表し合う

二　提示した文章を正しい順番に並べ替え、筆者が第3～第7段落のつながりをこの順番に決めた理由について話し合う

三　段落と段落がどのようにつながっているかに着目して、筆者の述べ方の工夫についてまとめる。

導入で、前時までに読み取った各段落の柱の文を、段落を入れ替えて黒板に提示した。どんな順番で段落を並べても、大豆をおいしく食べるための五つの工夫は説明できるけれど、段落と段落のつながりをとらえるのに、子どもたちはどうしても接続詞から順番を考えてしまう。それでは事柄の順序に目を向けさせることが難しい。そこで、接続詞を隠し、事柄が並列になるようにした。予想通り、子どもたちは授業の中で次のように反応した。

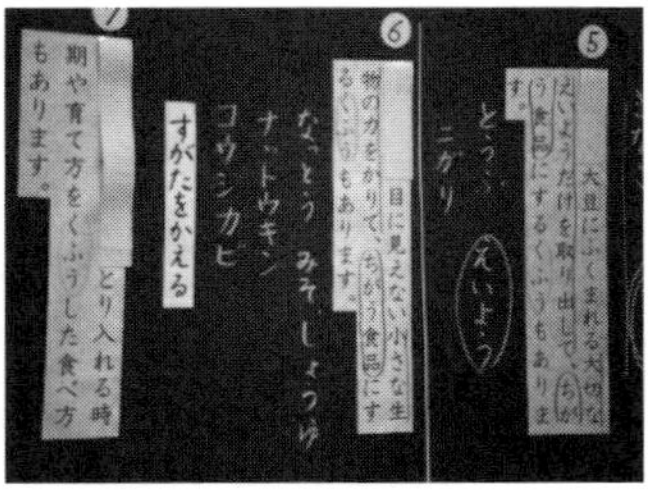

子ども　先生は、どんな順番で書いても意味が通じると言っていたけれど、話の流れとして、意味がもっと通

じるようにしたい。

子ども　筆者が考えた順番には、何かの意味や理由がありそうだ。

教師　筆者が大豆をおいしく食べるための工夫を、この順番で書いたのはなぜでしょう。

教科書通りの順番に段落を入れ替えた後、この主発問を投げかけた。ノートに考えを書き、その後、話し合いを通して筆者の述べ方の工夫について考えていった。

子ども　順番が違うと、筆者がどう伝えたい、何を伝えたいのかが分からない。

子ども　筆者は、読む人が一番分かりやすい順番に書いている。

その通り、筆者の意図は、この順番で述べるのが読み手に対して一番分かりやすいと考えたところにあるだろう。ただ、どんなところが分かりやすいのか、なぜ分かりやすいのかについては、子どもたちは漠然ととらえているだけでよく分かっていない。そこで、「すがたをかえる」の言葉に着目して、各段落に書かれている工夫とその食品を確認しながら読み進めた。

子ども　第3、4、5段落は、だんだん大豆のすがたが見えなくなる順番に書かれている。

子ども　第6段落はちょっと違う。違う食品になっていると書いてある。

教師　違う食品にするというのは、どういうことでしょう。

子ども　ナットウキンやコウジカビなど、目に見えない小さな生物の力を借りているところが違う食品にする工夫で、その前の工夫と全然違う。

子ども　大豆にいろいろな工夫をしていて、すがたがかわっている。味もかわっていることが、この順番だと分かりやすい。

各段落の柱となる文をとらえる時からキーワードにしてきた、「すがたをかえる」「くふう」の言葉に着目して読み進め、段落の順番には意味があると気付いたことは、論理的思考力を高めるために有効であったし、その後の説明文学習にも、実際に生かせる力となった。

【説明文とＮＩＥの新しい授業提案】

9　中学校・高校―論説文「評価」を重視した新しい授業提案

――「モアイは語る――地球の未来」（安田喜憲）

岩崎成寿（京都府・立命館宇治中学校・高等学校）

1　「評価」「批評」をどう見るか

今回の新学習指導要領改訂の中で、注目すべきキーワードの一つが「評価」「批評」という用語である。中3「国語」において、「Ａ　話すこと・聞くこと」「Ｂ　書くこと」「Ｃ　読むこと」の全てに「評価」もしくは「批評」が指導事項として取り上げられている。例えば、「Ｃ　読むこと」では、「目的や意図に応じ、文章の展開や表現の仕方などを評価しながら読む能力を身に付けさせる」ことを目標に掲げ、指導事項として「文章を読み比べるなどして、構成や展開、表現の仕方について評価すること」「物語や小説などを読んで批評すること」を挙げている。

『中学校学習指導要領解説・国語編』（以下『解説国語』）では、「『文章の展開や表現の仕方などを評価しながら読む能力』とは、内容を分析したり表現の仕方を批評したりして読む能力のことである。社会生活においては、文章の内容や形式などの価値を判断し、自らの目的や意図に応じて活用する能力が求められる」と述べている。

いわゆる「ＰＩＳＡ型読解力」は、文章・作品に対する「クリティカル・リーディング（批判的読解）」が世界の言語教育における標準であることを提起した。今次指導要領改訂にはそうした流れの反映が見られると言える。

読み研は、説明的文章や文学作品を評価・批判する指導過程として「吟味よみ」を位置づけ、研究・実践をすすめてきた。そうした立場からすれば、今回「評価」「批評」という言葉が国語科教育の用語として位置づけられたのは、歓迎すべきことである。

しかし、問題もある。阿部昇は、「『評価』『批評』『比べる』等に止まり、明確に『批判』という言葉を示さなかった」、「中学校三年ではじめて『評価』等が出てくるのも遅すぎる」として、今回の指導要領改訂の「限界」を指摘している。(1)

こうした指摘をふまえて、授業づくりの視点をどう定めるべきか。

第一に、「評価」を広義に捉え、批判の観点を明確にすることである。「評価」は「善悪・美醜・優劣などの価値を判じ定めること。特に、高く価値を定めること」と定義されている。(2)ニュートラルに定義すれば、「評価」には「肯定的評価」と「否定的評価」との両面があると言える。「批評」を「批判」と「(肯定的)評価」とに分けることと同じである。

第二に、「評価」の指導を中学1年から少しずつ開始することである。「解説国語編」には、「第1学年で『自分の考えをもつこと』、第2学年で『根拠を明確にして自分の考えをまとめること』について指導したことが、第3学年における『評価すること』につながっている」とあるが、「評価」の観点なしに「自分の考えをもつ」「自分の考えをまとめる」ことが可能なのだろうか。「評価」の両面性と意義を教えることによって、「自分の考え」を形成できるようになるのである。発想が逆である。

2 〈喩えによる議論〉を吟味する教材分析

「モアイは語る――地球の未来」は、光村図書の中2用教科書に掲載された環境考古学者の安田喜憲氏による文章である。この文章は、「いったいこの膨大な数の巨像をだれが作り、あれほど大きな像をどうやって運んだのか」「モアイを作った文明はどうなってしまったのだろうか」などの問題提示で始まる。まず、モアイは「西方から島伝いにやって来たポリネシア人」が作り、「ヤシの木をころとして使い、完成したモアイを海岸まで運んだ」とされる。そして、ヤシの森の消滅が原因となり、食糧危機と部族間の抗争によって文明が崩壊したと推理する。その上で、この出来事を教訓に、「今あるこの有限の資源をできるだけ効率よく、長期にわたって利用する方策を考えなければならない」と結論づける。

ここでは、「構造」、「論理」、及び本文の「吟味」に関

する分析は割愛し、後文の「吟味」(評価・批評)に関わる分析を提案する。(3)
最終段落にあたる[20]段落は次の通りである。文番号は岩崎による。

> ①絶海の孤島のイースター島では、森林資源が枯渇し、島の住民が飢餓に直面したとき、どこからも食料を運んでくることができなかった。②地球も同じである。③広大な宇宙という漆黒の海にぽっかりと浮かぶ青い生命の島、地球。④その森を破壊し尽くしたとき、その先に待っているのはイースター島と同じ飢餓地獄である。⑤とするならば、わたしたちは、今あるこの有限の資源をできるだけ効率よく、長期にわたって利用する方策を考えなければならない。⑥それが、人類の生き延びる道なのである。

この文章の論理関係は、次の通りである。
①文で「絶海の孤島」であるためにイースター島が「飢餓に直面」したことを述べ、②文で「地球も同じである」ことを指摘する。「同じである」ということは、ある話題に別の話題をつきあわせて比較していることなので、論理関係としては「付加」となる。③文は、どのように「同じである」か、その内容を具体的に表現しているので、②文に対する「詳述」である。④文は、②文の「同じである」ことを前提(根拠)に、地球にも「飢餓地獄」が訪れかねないという結論を導き出している。さらに、④文を前提として「今あるこの有限の資源」を効率的長期的に「利用する方策を考え」るべきことを結論づけている。⑥文は、⑤文で指摘した「方策」が「人類の生き延びる道」であると意味づけているので、⑥文は⑤文の「換言」となる。
ここでの論理関係のポイントは、①文から②文にかけての「付加」である。ここには、「同じである」こと、つまり喩え=比喩のレトリックが使われている。「広大な宇宙という漆黒の海」「青い生命の島、地球」という表現から明らかなように、「宇宙」と「地球」との関係が、「絶海」と「孤島」(イースター島)との関係に類似していると筆者は言う。類似しているのだから、イースター島で起きたことは、地球でも起こりうるのだという主張である。

ところで、こうした〈喩えによる議論〉について、香西秀信はかつて次のように指摘した。

> 譬えによる議論は、厳密な意味での「論証」というよりも、誇張という方法によって、自らの主張の正しさ、もっともらしさを読み手（聞き手）に印象づけるものである。そして、そのための誇張という方法は、そのままこの型の議論の弱点となる。誇張されている以上、「正確」ではありえないからだ。(4)

以上をふまえ、「この喩えが妥当かどうか」を吟味する。

まず、評価（肯定的評価）できるのは、地球の食料危機という本来複雑な問題を、単純な図式で分かりやすく提示していることである。複雑な事柄を説明するのに、喩えを用いて単純化（誇張）することは、読者の理解を深めるための有効な方法の一つであると言える。

しかし、一方でそうした単純化は批判（否定的評価）すべき問題点をも含んでいる。「今あるこの有限の資源をできるだけ効率よく、長期にわたって利用する方策を考えなければならない」という結論は一般論としては正しいかも知れないが、その根拠となる問題を単純化（誇張）しすぎたことが、問題の本質を見えにくくさせている。イースター島における森林破壊と飢餓の因果関係が、地球における森林破壊と飢餓の因果関係に、同じ構図でそのまま当てはまるわけではないのである。

本文では、森林の消滅によって、「豊かな表層土壌が雨によって浸食され、流失し」「主食のバナナやタロイモを栽培することは困難」となったこと、「木がなくなったため船を造ることもままならなくなり、たんぱく源の魚を捕ることもできなくなった」ことの二点が説明されている。しかし、イースター島で文明が栄えた（最も人口が増加したとされる）十六世紀と、食料生産技術が高度に進化した現代とを同列に論じることは非現実的である。

また、筆者は、18 19段落で森林破壊に加えて「人口爆発」問題を取り上げ、食料生産が人口増加に追いつかなくなる可能性を示唆している。しかし、地球の食料問題をめぐっては、次のような指摘もある。

> 〔前略〕人間社会の食糧危機も〔中略〕世界の人口増加に食糧生産が追いつかないために生じるという考え方もあるが、むしろ現実的に発生する可能性のある要因としては、気候の変動によって世界的に可食物の収量が減少するという考え方が有力である。(5)

すなわち、世界の食料危機問題には、森林破壊や人口増加といった単純な原因だけでは語れない、複雑多岐にわたる背景が存在しているのである。少なくとも気候変動などの問題を抜きには語れないはずである。

以上の分析をふまえて、生徒に身につけさせたい国語力として、〈喩えによる議論〉を吟味する方法を提案する。

> ①〈喩えによる議論〉は、「AとBとの関係は、CとDとの関係に類似している。よって、前者が〇〇だから、後者も〇〇だ」という形を取る。
> ②〈喩えによる議論〉は、論証ではなく誇張である。よって、誇張によって正確さが失われていないかを吟味する。

3 〈喩えによる議論〉を吟味する授業の提案

指導計画の概要は次の通りである。

【1限】通読・初読の感想。語句調べ（宿題）
【2限】語句の取り立て意味指導。「構造よみ」
【3限】「構造よみ」。本文1・2の内容確認
【4限】本文3の「論理よみ」
【5限】本文3の「吟味よみ」
【6限】後文の「論理よみ」「吟味よみ」

まず〈喩えによる議論〉が⑳段落で使われていることに気づかせることから始める。

教師① ⑳段落②文に「同じである」とありますが、何と何が同じだと筆者は述べていますか。

「同じである」という言葉から、「宇宙」と「地球」との関係が、「絶海」と「孤島」（イースター島）との関係に喩えられていることを気付かせ、それを〈喩えによる議論〉と呼ぶことを教えておく。

教師② 〈喩えによる議論〉は、何かを論理的に証明するのではなく、両者の関係を類似性によって結びつける、誇張法の一種です。誇張によって、正確さが失われていないかどうか吟味しましょう。

まず、両者の関係の違いを考えさせる。

教師③ 「宇宙」と「地球」との関係と、「絶海」と「孤島」との関係とは、どう違いますか。

その上で、次のような助言を打つ。

教師④ 「絶海の孤島」で食糧危機が起きた原因は何？

それは「宇宙」の中の「地球」にもあてはまる？
この助言に対しては、「現代は食糧の種類が豊富で作物だけではないし、食料生産の技術が四〇〇年前よりはるかに進んでいる。森林の消滅だけによって食糧危機を招くとは考えにくい」といった意見を導く。

教師⑤　今の地球で食糧危機が起こるとすれば、森林破壊以外の有力な原因は何が考えられる？

これは、別の原因に目を向けさせるために、調べ学習に誘導するための発問である。リサーチを通じて、「生徒に発見させる」吟味よみに発展させる。

注

（1）阿部昇「国語・言語能力重視に内在する課題」、『二〇〇八年版・学習指導要領を読む視点』白澤社、二〇〇八年。
（2）『広辞苑・第五版』岩波書店、一九九八年。
（3）「構造」「論理」は『国語授業の改革7　教材研究を国語の授業づくりにどう生かすか』（学文社、二〇〇七年）、本文の「吟味」は『国語教育』二〇〇九年八月号（明治図書）に掲載の拙稿をそれぞれ参照されたい。
（4）香西秀信『議論の技を学ぶ論法集』明治図書、一九九六年。
（5）『ブリタニカ国際大百科事典　Quick Search Version』ブリタニカ・ジャパン、二〇〇五年。

【説明文とＮＩＥの新しい授業提案】

10　小学校・中学校―ＮＩＥ「編集の仕方」「記事の書き方」を重視した新しい授業提案
―「較べ読み」で書き手の意図と読み手の役割を学ぶ

高橋　喜代治（成蹊大学）

1　新学習指導要領の「編集の仕方」と「記事の書き方」

新学習指導要領の「読むこと」の小５・６の言語活動例のウには「編集の仕方や記事の書き方に注意して新聞を読むこと」とある。「解説」では、「編集に当たっては、活字や図、写真などの大きさや行数、配置などを決める割り付けなどが行われている」、「記事は逆三角形の構成」になっているとしている。だから「このような特徴に注意し、編集の仕方や記事の書き方に注意して読むことが大切である」と述べている。

言語活動例を新たに設けてここで述べられているような編集の仕方と記事の書き方は、新聞を教材として学習指導を進めている学校現場ではむしろ当然のこととして実践されている。

私が注目したいのは、小５・６の「読むこと」の指導事項として述べられている「比べて読む」である。中２の言語活動例のウでも「新聞やインターネット、学校図書館等の施設などを活用して得た情報を比較すること」とある。さらに中３の「言語活動例」のイにも「論説や報道などに盛り込まれた情報を比較して読むこと」とある。

学習指導要領の「読むこと」には、「比べて読む」や「比較して読む」など、「比べる」「比較する」の語句が何度も見られ、中３の「指導事項」の解説では次のように述べられている。

一つの文章では気が付かなくても、複数の文章を比較しながら読むことにより、構成や展開、表現の仕方の違いが分かってくることがある。そのことを通じて、様々な文章の形式についての特徴や効果などについて評価する。評価する対象としては、教科書や本などに掲載された文章だけでなく、新聞や広告、パンフレットやポスター等様々な形態のものが考えられる。さらに、それぞれの文章における書き手の意図と表現の仕方とのかかわりを考えることにより、自分が文章を書く際に役立てることにつなげていくようにする。

つまり、比較することで文章の特徴や効果を「評価」し、「書き手の意図と表現の仕方」から学び、「書き」につなげるというのである。このことは言語の教育であることを重視する傾向として歓迎したい。しかし、ここで述べられているのは、内容や文種の違ったものの比較を想定している。このようにただ比較するだけでは、比較そのものが目的化したり、言語操作的な活動主義に陥ったりする危険性がないとは言えない。

この稿では、同じ事件・出来事を扱った異なる二つのメディア（新聞社）の「編集の仕方」「書き方」に着目し、比較すると見えてくる違いを吟味することでクリティカルなメディア・リテラシーの力を身につける授業を提案する。

2　学習のねらいと二つの野球記事の分析

同じ事件・出来事とは今年の五月一九日（火）に行われたプロ野球交流戦巨人×日本ハムの試合である。この試合は16×6で日本ハムが圧勝している。ところがこの試合のA新聞とB新聞のスポーツ欄での報じ方（「編集の仕方」「書き方」）は大きく違っている。写真も、見出しも、行数も、描写の仕方もまるで違っている。さらに記者の視点も違っている。試合の勝敗は誰が見ても客観的な事実で、誰が書いても同じになるのではないか、と子どもたちは思いやすい。

どこがどんなふうに違うのか。同じ試合なのに、なぜそんなに違いが出るのか。「編集の仕方」「記事の書き方」に着目しこれらのことを考えることを通して次のようなメディア・リテラシーの力を目指したい。

プロ野球の試合を報じた二つの異なる記事の編集・構成を比較、検討することで、新聞記事（メディア）の送り手の意図と受け手の関わりを見抜く力をつける。

《資料分析》―二つの記事の比較

【大見出し・小見出し】大見出しは、A紙は「二岡　G撃破」（横書き）で、勝者である日ハムのヒーロー二岡選手を取り上げて日ハムの側からの見出しである。小見出しも「古巣相手に3安打」と、大見出しを補足している。これに対してB紙は「高橋尚悪夢G完敗」で、敗者である巨人の投手・高橋選手を取り上げて巨人の側からの見出しになっている。小見出しは「流れは変わった李の失策」と、負けた要因の指摘になっている。両記事を比較してわかるのは、B紙が敗者の巨人の側から見出しを付けていることである。

【記事の構成・行数】A紙は①リード文（セ・パ交流試合の概説・10行）、②本文（二岡選手の活躍・44行）である。B紙はリード文はなく、①本文（観戦記・61行）、取り立て記事として、②（二岡選手の活躍・30行）、③（亀井・阿倍の活躍・13行）で構成されている。比較してわかるのは、A記事がセ・パ交流戦の中にこの試合を位置づけ、

A紙

日本生命セ・パ交流戦

二岡　G撃破

古巣相手に3安打

『毎日新聞』2009年5月20日朝刊

B紙

高橋尚悪夢G完敗

流れ変わった　李の失策

『読売新聞』2009年5月20日朝刊

この新聞記事は、毎日新聞社、読売新聞社の許諾を得て転載しています。

勝者の側から構成しようとしているのに対し、B紙が、日ハムの二岡選手の活躍を取り上げてはいるが、やはり巨人を中心に、巨人の側から構成していることである。また、B紙は、わずかだが亀井、阿部の活躍を取り上げ、巨人の様子を詳しく伝えようとしている

【写真】A紙は①日ハム・二岡選手のヒットを打ったバッティング写真12×10センチ。説明「五回裏日本ハム一死二、三塁、二岡が左前適時打を放つ」。B紙は①巨人・高橋投手を中心とした守備の写真、11×10センチ（他に日ハム・稲葉、巨人・李選手も）・説明「四回無死、稲葉（後方）のゴロを一塁手・李（手前）がエラー、高橋尚がカバーに入るが一塁はセーフ」②日ハム・二岡選手のバッティングの写真（6×4、5センチ）。説明「五回一死二、三塁、二岡が適時打を放つ」。両紙を比較してわかるのは、A紙が二岡選手中心の写真一枚だけなのに対し、B紙は相手側の二岡選手の写真も載せてはいるが、大きな巨人選手の写真を掲載して、やはり巨人の側から伝えようとしていることである。

3　「編集の仕方」「記事の書き方」を重視した比較の授業づくり

(1) 単元計画

これまで述べてきたような、「編集の仕方」「記事の書き方」を重視し、二つの記事を比較する授業づくりについて述べる。単元計画（全3時間扱い）を次に示す。（対象学年は小5・6、中1が適切である）

Ⅰ　導入・記事の読解（1限）

1　学習の見通しを持つ（学習目標や学習の進め方を説明する）

2　動機付け（ビデオでプロ野球の試合を見る。できれば、巨人×日ハム戦の試合のビデオが望ましい。時間は数分）

3　記事の読解（二つの記事を、野球の専門用語などを丁寧に説明しながらA記事→B記事の順に読解する）

タイトル→リード文→本文の順に読解する。記事Aでは、「G」「セ・パ交流戦」「適時打」「遊撃」「指名打者」等の専門用語や状況を理解させながら読解する。記事Bでは、本文→取り立て記事①（二岡選手）→②（亀井・阿部選手）の順に、読解する。

Ⅱ　比較表づくり（2限）

模造紙にA紙とB紙の比較表を作り、次の項目で入れていく。内容の詳細は資料分析参照のこと。

①見出し（大見出し・小見出し）

②リード文（B紙はないので空欄のまま）

③本文（どちらの側の立場（視点）から書かれているか、誰を中心に書かれているか）

④取り立て記事（A紙にはないので空欄。B紙は二つあるので、誰についての取り立てなのか）

二つの記事の「編集の仕方」や「書き方」の違いはどんなことですか？

⑤写真（誰のどんな写真か。写真の説明を参考にする）

Ⅲ　比べ読み（3限）

1　二つの記事の比較表から、その違いを読み取る

2　その違いから、書き手の意図を考える

3　読み手の位置・役割を知る

単元計画ではⅡで比較表の作成となっているが、これはⅠの記事の読解と同時並行で行ってもよい。また、記事には野球の専門用語が多用されているので、野球についてよく分かっていない子どものことに十分配慮する必要がある。学級に野球部の生徒がいれば協力してもらって説明などをお願いするといっそう授業は活性化するにちがいない。

(2)　比較して書き手の意図と読み手の役割を学ぶ授業

二つの記事についての丁寧な読解を済ませたら、その違いから書き手の意図などを考えるメディア・リテラシーの学習を行う。比較するとその違いが分かる。だが、それだけでは学習としては不十分である。なぜ違うのか。なぜそう書かれているのかを吟味するのである。そこにこそ比較する本当の価値と意味がある。

次に授業展開（シミレーション）を示す。目当ては、「同じ試合を報じた二つの記事の比較表を検討し、その構成や書き方の違いから、書き手の意図と読み手の役割を読み取る」である。

教師①　二つの記事の「編集の仕方」や「書き方」の違いはどんなことですか？

子ども　書き方の視点です。

教師②　視点がどんなふうに違っているの？説明してください。

子ども　Aは勝った側の日ハムの側から書いているのに、Bは負けた巨人の側から書いていました。

教師③　そうですね。その視点がどんなふうに編集され、書かれているか見ていきましょう。記事は誰を中心に書いていますか？

子ども　Aは日ハムの勝利に一番貢献した二岡選手を中心に書かれています。

子ども　Bは、負けた巨人の高橋尚成投手を中心に書いています。

教師④　写真はどうですか？

子ども　Aは、二岡選手が適時打を打った場面です。

子ども　Bは、巨人の高橋投手が一塁のカバーに入る写真です。

子ども　Bには、もう一枚小さな写真があります。二岡選手の打撃の写真です。

教師⑤　見出しは？

子ども　Aは、大見出しが「二岡、G撃破」と小見出しが「古巣相手に三安打」となっています。

子ども　Bは、大見出しが「G今季最多一六失点」で、小見出しが「一つの失策尚成悪夢」となっています。

教師⑥　中心的に書かれている選手も、写真も、見出しも、Aは勝った日ハムの側から編集され、記事が書かれていて、Bは負けた巨人の側から書かれているということですね。

A紙とB紙の違いを、記者の視点という観点で検討させる。記者の視点が違っているということは、それまで丁寧に記事を読み比較表にまとめているので、子どもたちはすぐに気が付く。そこで、編集や記事の構成の仕方をタイトルの付け方、写真の使い方などを具体的に検討し、B紙が実は負けた巨人の側から作られていることに気付かせる。そして、なぜそうなのかを次に考えさせる。

では、なぜこんなふうに編集のしかたや書き方が違っているのかを考えよう。

教師⑦　Aはなぜ日ハムの側から書いていると思う？

子ども　日ハムが勝ったチームだからです。

教師⑧　そうですね。一般的にスポーツの記事は勝ったチームの側から活躍した選手を中心に書くのが普通です。だから、Aの書き方は普通の編集の仕方、書き方ということができます。では、Bはなぜ、負けた巨人の側から書いているの？

子ども　巨人に思い入れがあるからだと思います。

子ども　巨人にえこひいきしているのだと思います。

教師⑨　なぜ、Ｂは巨人にひいきしたり思い入れがあったりするの?実はＢ記事の新聞にヒントがあります。

子ども　わかった、Ｂの記事の新聞は読売新聞だ

教師⑩　そうです。Ｂは読売新聞です。巨人というチームは読売新聞がオーナーのチームなのです。ではＢの記者があえて負けた巨人の側から記事を作った意図はどんなことが考えられる。

子ども　読み手に巨人ファンが多いからではないですか。

教師⑪　と、いうことは?

子ども　読み手の期待に応えようとしている!

教師⑫　そうですね。ここから、新聞などのメディアの編集の仕方、書き方として学べることは、どんなこと?

子ども　「書き手は、読み手を意識して記事の編集をしたり書いたりすることがある」ということです。

4　おわりに

スポーツ報道は普通は勝者の立場から書かれる。だが、そうでない場合もある。例えばオリンピックやボクシングなどの国際試合では勝っても負けても日本人の側から記事は編集される。甲子園を目指す春・夏の高校野球では勝敗に関係なく郷土のチームを取り上げ、そのチームの側から編集され報道される。また、同じオリンピックでも人気の高いスポーツや良い成績が出そうな種目がメディアの目で取捨選択されて報道される。さらに、同じスポーツでも、ある程度勝敗は抜きにして、人気が高く注目される選手にスポットが当てられ報道される。つまり、読み手、聞き手を意識して編集され書かれるのである。子どもたち自身も実はメディアを構成する重要な要素になっていることを知ることは、主体的なメディア・リテラシーの力を養ううえでとても大切なのである。

Ⅱ 新学習指導要領「言語活動」の充実の授業シミュレーション

1 「物語を演じる」授業で文学のおもしろさを味わわせる
――「大きなかぶ」（ロシアのお話・うちだりさこ訳）

本山 智子（東京都町田市立七国山小学校）

1 新学習指導要領の「物語を演じる」授業

新学習指導要領の小1・2の言語活動例に「物語の読み聞かせを聞いたり、物語を演じたりすること」がある。「読み聞かせによって本や文章を音読する楽しさを知り、自分でも読み聞かせや、身振りを伴った簡単な劇活動を行いたいようになる。このような気持ちを大切にして、役割を決めて読んだり、簡単な劇を演じたりする活動へとつないでいく。」と、提起されている。

新しく出会った物語を自分達で劇化していく学習は、そのお話を、自分の体で体得したり、友達とお話を共有する学習過程としては、大きなメリットがあると思う。しかし、指導要領では、その学習過程が明示されていない。「物語を演じる」ためには、そのお話をしっかり学習し、読解理解しなければならない。その過程が、不明確であると思う。また、低学年の「物語を演じる」授業が、中学年、高学年にどのようにつながっていくのかが、明示されていない。指導要領、言語活動例では、中学年「物語や詩を読み、感想を述べ合うこと。」高学年「自分の思いや考えが伝わるように、音読や朗読をすること。」に、どのようにつながるのであろうか？

ここでは、低学年の学習過程として、「物語を演じる」授業が言語活動の体得の上から、非常に有効であることの一例を指し示したい。そして同時に、物語の読解の上からも有効であることを示したい。また、友達間で、一つのお話を共有することの良さにも触れたい。

2「物語を演じる授業」はどういう国語の力を育てるか

(1) まず授業の流れをしっかり押さえる。

ここでは、小一教材「おおきなかぶ」を例に提示する。

〈あらすじ〉

おじいさんがかぶをうえたが、大きくなりすぎてひとりではとても抜けない。そこでおばあさん、まご、いぬ、ねこが順番によばれて、だんだん力が加わり、さいごに、最も力の小さいねずみの力が加わって、みんなの力でついにかぶがぬけたお話。

①表層のよみ

・語句の読み方や意味について学習する。教師の語句の取立て指導では、「かぶ」の育て方や食べ方など説明する。

・音読や、簡単な動作化をして文章に親しむ。

②形象よみ

かぶをぬくために、助けに来るものが順番によばれて、一人、一匹と増えていく。だんだん力の弱いものが呼ばれるが、力を合わせることで少しずつ力が大きくなっている事、最後にねずみが呼ばれて、最も小さい力だけどそのねずみの力も加わって、ついにかぶがぬけたこと、その部分がこのお話の「山場」「お山」になる重要な所だと言う事を学習させる。

六回くりかえされる、「うんとこしょ、どっこいしょ」は、自分の力をだすためと、六人の力を合わせるためのかけ声であること、そして、少しずつ力が大きくなっているので、かけ声も少しずつ大きくなっていること、そしてねずみも加わった山場の部分が最もかけ声も大きくなり、かぶをぬくことが実現できたことを学習させる。

③　班で役割分担して、かぶをひっぱる場面を中心に、このお話を動作化する。この話の主題は学習しているので、みんなで力をあわせることの重要性が、かぶをぬくという結果につながっていることを、児童一人一人は理解して演じられると思う。

(2)「物語を演じる」授業で育てたい国語の力

この劇を創造していく過程は、他の人の役割と繋がりながら、それぞれが自分自身の役割を演じきることで、この話の主題「連帯すれば、目標を達成することができる。」という内容を体現することである。そして、この物語を体現できるためには、この話の表層のよみ、形象よみが出来ていることが必須となる。

自分で理解できた国語の学習の中身を、他の人の役と関係づけながら、体を使って自分の役を表現することで、より国語の読解力が自分のものになると思う。

3　「おおきなかぶ」を「演じる」授業をどう進めるか

「おおきなかぶ」は、保育期に保育士さんの指導の下「げきあそび」として行われている。小学校低学年の時期に行われる「物語を演じる授業」とは、教師の読み聞かせの後にだけで行わせるものではなく、十時間ほどかけて、内容の読解の授業を行った後に、子ども達をグループに分け、話し合いをさせながら、子ども達自身で作り上げる事で、国語の授業として、意味づくものと考える。もちろん子ども達が、劇化して行く段階で、教師の助言、指導は必要である。

4　「おおきなかぶ」を「演じる」授業の授業シミュレーション

教師①　今日は、いよいよみんなで「大きなかぶ」のお話を劇にしてみようと思います。どんなお話だった？

子ども　おじいさんが、作った大きなかぶをぬこうとするけど、ひとりじゃぬけない。みんなの力をかりてかぶをぬくお話

教師②　配役は何人いるかな？

子ども　六人

教師③　地の文を読む人もいれると七人だね。七人ずつの班を作ります。クラスの人数は三十二人だから、七人班は二つ、六人班は三つ作りましょう。六人班の人は、一人ダブルキャストで、役と地の文を読んでください。劇をする上で大切なことを考えてみよう。

子ども　おじいさんは、あまい大きなかぶを作ろうと熱心に育てた気持ちを表すことが大事だと思います。

教師④　まず、おばあさんがよばれるんだね。ここで劇にする上で大切なことは？

子ども　おばあさんもおじいさんと同じ気持ちでかぶをぬこうとしていることを体であらわす。

教師⑤　どのことばを大切にする？

子ども　「うんとこしょ、どっこいしょ」です。

教師は、このかけ声は、自分の力をだすためと、二人が力をあわせるためのものであることを、強調する。

教師⑥　おばあさんの力を借りてどうだった？

子ども　かぶは、ぬけない。

教師⑦　そこで、まご、いぬ、ねこ、ねずみと次々によばれて、この時「うんとこしょ、どっこいしょ」とみんなでかぶをひっぱる様子が、かかれているね。この様子は何回でてくる？

子ども　六回でてくる。だんだん増えるから、かけ声も大きくなっているよ。

子ども　だんだん呼ばれた人や動物達が小さくなっている。でも、最後に一番小さいねずみが加わって、みんなでひっぱったらかぶはぬけた。

教師⑧　その通りだね。最後に小さい力が加わって、みんなで気持ちを合わせてがんばったら、かぶがぬけたんだね。ここは一番、行も多いし、人や動物も多いから時間をかけて声をだそう。動作も役になりきってね。その方が山場の感じが出るね。「うんとこしょ、どっこいしょ」は、明るく、リズミカルにやろう。このかけ声は、自分の力をだすためと、力をあわせるためのものだよね。「うんとこ」で力を入れ、「しょ」でひっぱり、「どっこい」で体勢を整えて力を入れ、「しょ」でひっぱってみよう。みんなで心を合わせて、かぶをひっぱる様子を表してみよう。そして、《とうとうぬけた！》というところを思いきり楽しくやろう。

それでは、これからグループづくりをして、劇の練習に入りましょう。

六人及び七人の劇班を作る。班で話し合って、配役を決める。地の文を語る子と登場人物の両方を決める。かぶはみんなで作る。クラスに一個あればよいかと思う。班に分かれて練習をする。教師は、班を回りながら必要に応じて助言や、アドバイスを行う。最後に、班ごとの発表会を行う。

参考文献

『科学的「読み」の授業研究会第十三回夏の全国大会資料・教材集』中のミニ模擬授業「大きなかぶ」（加藤辰雄）一九九九年
「実践シリーズ保育園・幼稚園」編集委員会編著『ごっこ・劇あそび・鬼ごっこ』一九八八年、水曜社

2　「読書習慣を形成する」授業
――読書指導と読解指導の連係をめざす

町　田　雅　弘（茨城県・茗溪学園中学校高等学校）

1　読書指導？　読解指導？

私は本年度、中1の国語を担当している。読書が大好きで、いつでも本を小脇に抱えて歩いている子どもがいる。また、逆に小学時代から本らしい本に触れることなく塾づけの毎日を送っていた子どももいる。この差は激しい。両極端だ。

後者のように、本を読むのが苦手な子どもは、実はかなりの人数いる。彼らの気持ちを理解せずに、読書習慣を形成するという名目のもと、「読書指導」のみを続けていて、はたして本当に良いのだろうか。読むことは楽しいという実感をもてる子どもにとっては効果はあるのだろうが、効果が期待できない子どももいそうである。

もしそうならば、「読解指導」を通して作品の奥深さを一緒に分析し読書の楽しさを実感させることも大切なはずである。また読書好きの子どもなら無意識のうちに身についていると思われる「本を読み進めるためのスキル」を教えていくことも必要である。読書習慣を形成するとはいっても、実はこうした読解指導もかなり重要な役目を果たしている。

もちろん、読書指導は、折にふれて取り上げていく必要がある。様々な優れた取り組みが今までにも多く紹介されている。朝読書、読書感想文、読書記録、読書課題、図書紹介等がそうである。

つまり、読書習慣を形成するためには、読書指導・読解指導の両方を車の両輪のようにすすめていくという意識をもって指導していく必要がある。

2　「読書習慣を形成する」ことを意識した読解指導

(1)「何を読み取るべき箇所なのか」わかるようにする

読書が嫌いな子どもは作品中のどの言葉に注意を払って読み進めていったら良いか分からない場合が多い。一語一語にこだわりを持ちすぎてしまうと、楽しむ前に疲れてしまうし、時間がいくらあっても読み終わらない。逆に言葉に全くこだわらない読み方をしていると、イメージが持てずに字だけを追っていく読書になってしまう。

作品の導入部では、今後起こるであろう事件の「設定」が述べられていること、またその「設定」として〈時や場所の説明、人物像〉などが描かれているので、そこを意識しながら読み取っていくこと、――このことを知っているだけで、ずいぶん読みやすくなる。実はこういったことは、何冊かの本を読んでいれば無意識のうちに身についていくスキルではある。しかし、読書習慣の元々ない生徒にとっては、最初から戸惑ってしまい読み進めること自体をあきらめてしまう可能性もある。

注意を払うべき箇所はほかにもある。事件が始まる展開部以降は、〈事件が大きく展開していく部分〉〈主要な人物の人物像が読み取れる部分〉〈表現上技法などの工夫が見られる部分〉にも注目していく。作品世界を楽しみながらも、作者がこだわる描写を見つけていくことができれば、格段に読みやすくなるはずだ。

(2) 一部分ではなく作品全体から読み取れるようにする

読書が嫌いな子どもは、(途中で中断をはさみながら読みすすめていくせいだろうか?) 作品のある一部分だけから勝手な解釈してしまうことがよくある。よって作品全体としての統一感ある解釈になっていかない。よって深みのある解釈までたどり着かず、「本はつまらない」となってしまうのだ。

例えば宮沢賢治「オツベルと象」の場合、導入部で作品の設定として様々なことを読み取ることができる。機械は使用しているが、新式として登場するその機械が「足で踏んで機械を回す」そんな時代である。オツベルの仕事場では十六人の百姓どもが顔をまるっきり真っ赤にして働いているのだが、「おおそろしない音」がしており、「砂漠の煙のよう」なちりが充満していて、「うすくらい」のだ。労働環境としては最悪だ。また、当のオツベル自身は「大きな琥珀のパイプ」をくわえ「両手を背中に組み合わせ」「ぶらぶら往ったりきたり」しているだけだ。百姓に働かせておいて、自分だけ楽や贅沢をしているという設定である。――こうした作品の設定が条件となって、読者は白象が登場してくるその後の事件を読み取っていく。しかし、読書が嫌いな子どもはこうした作品の設定と、後の事件がなかなか結び付いていかない。

それぞれの授業で読みとった形象は、その度毎の授業でまとめてノートに記述しておく。作品後半の主題に関わる授業になった時、以前のノートを見直し、確認しながら読解を進める。こうした指導は有効だ。本来一人で読書をする際、個人の頭の中で進める作業を、授業中では全体に公開しながら進めていくのである。作品全体の統一感のある解釈とはどういうものかを体験させ、実感させていく。

(3) クライマックスからテーマを探れるようにする

読書が嫌いな子どもは、読書という行為自体にわくわくする感覚が持てていない。どんなに読書が大切であるとわかっていても、楽しさを実感できなければ読書の習慣をもつ気にはならないであろう。

では、逆に読書が好きな子どもが、本を読むことにわくわくするのはなぜだろうか。それは、謎の一つ一つが解決していく、つじつまが合っていくという、その過程が楽しいからではないだろうか。つまり作品には今までの疑問が決着を迎えるクライマックスと呼ばれる場所が存在し、そこに向かって（そこを楽しみに）人は読み続けるのではないか。だから、クライマックスに、ある種のカタルシスのようなものを感じとり、深い感銘を受けるのであろう。

読書が嫌いな子ども（または自分のレベルを超えた作品を読んでしまった子ども）は、まず「疑問となっている部分（謎）」がなんだかわからない。よって、どこに向かって読み進んでいるのかがわからない。例えクライマックスまでたどり着いたとしても、何がどう決着を迎えたのかがわからないのである。

まずは自分のレベルにあった本を選ぶということも肝心だろう。ただ、内容の高度な作品ほど、読書の素晴らしさを実感させてくれるのも事実である。もし仮に「疑問となっている部分（謎）」がわかりづらく気づけなかったとしたら、作品の神髄に近づくことはできないのだろうか。いや、そうとも限らない。違うアプローチの仕方があるのだ。

例えば魯迅の「故郷」という作品の場合、事件らしい事件も起こらないので、学習対象となる中3にとっては自分がどんな決着に向かって読み進めているのかがわかりづらい。ただ、描写性・緊迫感の高さから、クライマックスは閏土の一言「だんな様！……。」であろうことは想像することができる。クライマックスとは、解決か破局かが決定的となるところであり、勢力が大きく変化（逆転）するところであるという指標を知ってさえいれば、この部分に着目することで、テーマ性に近づくことはできる。なぜ、この部分から「私」にとっての破局が決定的になるのか考えてみる。「今、母の口から彼（閏土）の名が出たので、この子供の頃の思い出が、電光のように一挙によみがえり、私はやっと美しい故郷を見た思いがした」という一文がある。特に「やっと」という言葉から、美しい故郷を期待して帰ってきたものの、ことごとく裏切られ続けてきたことがわかる。閏土は私にとって、美しい故郷を象徴する最後の砦のような存在であったのだ。その閏土の変貌ぶりに接することで、故郷そのものに決定的に幻滅を覚えてしまったというわけだ。クライマックスに着目することで、この構造のしくみが見えてくれば、本作品のテーマに一気に近づくことができる。――このように、クライマックスから、作品のテーマを探ることは可能であるし、そのスキルがわかれば「なんだかわからない」と思っていた作品が輝いて見えることもあるはずだ。

3 「読書習慣を形成する」課題図書

最後に、読書課題としてあげた作品の中で、生徒に好評だった本をリストとして挙げてみる。

（中1）三浦綾子『塩狩峠』
　　　辻仁成『ミラクル』
（中2）重松清『半パンデイズ』
（中3）ダニエル＝キイス『アルジャーノンに花束を』

3　「俳句づくり」で「言葉の力」を磨く

熊谷　尚（秋田大学教育文化学部附属小学校）

1　新学習指導要領の「俳句」

新指導要領の小5・6「B書くこと」の言語活動例に「経験したこと、想像したことなどを基に、詩や短歌、俳句をつくったり、物語や随筆などを書いたりすること。」がある。「俳句をつくる」ことが言及されたのは今回がはじめてである。これまでも各社の教科書には俳句が掲載されていたが、暗唱したり視写したりして伝統文芸としての俳句に親しむといった程度の扱いで終わることが多かった。しかし新指導要領では、親しむ段階に留まらず、俳句の実作にまで踏み込んで指導することが望まれている。俳句を「読む」活動から俳句を「詠む」活動へ進展させることで、その文芸性をより一層理解することにつなげようとする意図があるものと思われる。

2　「俳句をつくること」はどういう国語の力を育てるか

世界で最も短い詩とも言われ、独特の様式をもつ俳句は、豊かな教材性を備えている。俳句をつくる活動を通して、次に挙げるような国語の基礎的な力を身に付けることができると考える。

・日本語の音節やリズムについての理解
・文法の理解（「て・に・を・は」の働きなど）
・より適切な語の選択や語順の吟味
・詩の技法（レトリック）
・言葉の使い方の正誤・適否・美醜などの感覚
・語彙の習得（季語など）

3　実作につながる俳句の読みの学習

俳句をつくるには、ある程度の知識と技能が必要とされる。芭蕉・蕪村といった古典俳句は鑑賞教材としてはよいかもしれないが、実作のための知識や技能を学ぶための教材としては、むしろ現代作家や小学生がつくった俳句の方がふさわしい場合が少なくない。そういった教材の一例を紹介する。

チューリップ（　　　　）だけを持つてゐる　細見綾子

右のように板書して、「括弧の中には4音の言葉が入りますが、どんな言葉を入れたらいいと思いますか。」と問いかけた。子どもたちから、次のような考えが出た。

・花びら　・球根　・生命　・みつばち　・やさしさ
・明るさ　・楽しさ　・うれしさ　・安らぎ　・輝き
・うれしさ　・よろこび　・悲しみ　・冷たさ　…

「やさしさ」「輝き」「よろこび」などがぴったりくるという考えにまとまった。正解は「喜び」であるが、「やさしさ」「輝き」などの言葉を当てはめても一句として十分に成り立つ。もちろん正解を当てることが目的ではない。チューリップに「喜び」を見出した作者の感性に共感しつつ、自分ならどんな思いを抱くか、そしてどんな言葉で表現するかを考えさせたかったのである。

さらに、「この俳句はどんな工夫をしていますか。」と問うと、「擬人法を使っている。」という答えが返ってきた。確かに、「喜びだけを持ってゐる」という擬人法に近い比喩表現と、「〜だけ」という限定表現があいまって、内容に説得力が出ていると言える。

俳句はその短さゆえに表現に工夫を凝らしてつくられている。実作につながる読みの学習にするためには、俳句を読んで内容を理解するだけでなく、構成や技法（レトリック）に着目し、それが表現上どのような効果を挙げているかを考えることが必要である。

4　はじめての「俳句づくり」をどう進めるか

私の学級では、毎日の朝の会で「今日の一句」というコーナーを設け、先に紹介した例のように、俳句を教材にしたミニ授業を継続して行っている。一日一句、5分弱の積み重ねで子どもたちの俳句に対する興味・関心が高まってきたところで、次の小単元を組んだ。

単元「チャレンジ！俳句づくり」（3時間扱い）

(1) 1限　「チューリップ」で一句ひねってみよう

四月下旬、学校の花壇のチューリップがきれいに咲き揃っていたので、ノートと鉛筆を持って外に出て、チューリップを見ながら俳句をつくってみることにした。①五七五でつくること、②季語の「チューリップ」を入れることの二点だけを約束とし、あとは自分の見たまま、感じたままを自由に詠んでみようと投げかけた。はじめてにも拘わらず、どの子もそれなりの俳句をつくることができた。1時間で十句以上つくったという子もいた。

(2) 2～3限　俳句を推敲して、作品を仕上げよう

俳句は、構えずに取り組めばだれにでも簡単につくれてしまうものである。五七五に季語を入れれば、一応俳句と呼べるものは出来上がる。しかし、それが必ずしも魅力ある作品であるとは限らない。自分の俳句を推敲する過程を大切にし、言葉にこだわり一語一語を吟味しながら作句する態度を育てたい。以下は、実際の授業記録の一部である。

例句　チューリップまっ赤にさいてきれいだな

教師①　みなさん、この俳句をどう思いますか。

子ども　あんまりよくないと思う。

子ども　何だか、平凡。当たり前のことを言っている。

教師②　うん、言われてみれば、確かにおもしろみに欠ける俳句だね。チューリップが赤くてきれいなんていうことは、だれにでも思いつくことだものね。

子ども　何かにたとえて表現したらいいと思う。

子ども　「まっかな太陽きれいだな」とか…。

子ども　でも、太陽と言えばチューリップというより、ひまわりのイメージじゃないかなあ。

教師③　何かにたとえることを「比喩」と言います。太陽のほかに何かいい比喩はないですか。

【子どもの発想を受けて、比喩表現を使って中七を手直ししてみることを提案した。】

子ども　まっ赤なほのおきれいだな

子ども　まっ赤な顔してきれいだな

子ども　りんごのようできれいだな

子ども　まっ赤な帽子きれいだな

教師④　「帽子」にたとえたのはうまいね。では、もうワンランクアップさせよう。「きれいだな」のように、感じたことを生の言葉で言ってしまうとつまらなく

なってしまいます。「きれいだな」と言わないで、読む人に「きれいなんだろうなあ」と思わせるように表現するのがいいのですが…。

【子どもは「きれいだな」「かわいいな」などの言葉を安易に使いがちだが、それでは月並みで中身の乏しい俳句になってしまう。俳句では感情を直接的に表現することを避けた方がよい。それを体得させたかった。】

子ども　チューリップまっ赤な帽子かぶってる
子ども　帽子だから「かぶってる」のは当たり前だよ。
子ども　チューリップまっ赤な帽子お似合いだ
子ども　チューリップまっ赤な帽子お気に入り
子ども　チューリップまっ赤な帽子ぬいでいる
教師⑤　「ぬいでいる」っていうのは、どういうこと？
子ども　もうすっかり開いていて、花びらが散りそうになっているということです。
教師⑥　なるほど。なかなかいい俳句になりましたね。

このような話合いの後、個々に自分の俳句を推敲した。いくつかの推敲例を紹介する。

原句　　チューリップ土の養分すっている
推敲後　チューリップ地球の養分食べている

【「地球の養分」という誇張した言い方がおもしろい。「食べている」としたことで花びらが動物の口のようにも思えてくる。】

原句　　チューリップ風といっしょにおどってる
推敲後　おどり出す風といっしょにチューリップ

【「おどり出す」としたことでその瞬間を切り取った感じが出た。また、語順を入れ替えたことで、説明的でなくなった。】

原句　　チューリップいろんな色がまざってる
推敲後　チューリップ赤白黄色春の色

【具体的な表現にしたことで景がはっきりした。また「色」の反復で心地よいリズム感が生まれた。】

四月に俳句と出会った子どもたちは、五七五の調べをすっかり自分たちのものとし、みずみずしい感性を発揮しながら俳句づくりを続けている。学級句会の開催、自選句集の発行計画と、学習にも広がりが出てきている。「俳句の指導は難しいから…。」と敬遠せずに、子どもたちとともに四季の移ろいに目を向け、俳句づくりで『言葉の力』を磨いてみてはどうだろうか。

4　「図鑑や事典」を活用する授業

杉山明信（茨城県・茗渓学園中学校高等学校）

1　新学習指導要領の図鑑・事典活用

新しい小学校学習指導要領の「国語」小3・4の「話すこと・聞くこと」の言語活動例には、次の記載がある。

「図表や絵、写真などから読み取ったことを基に話したり、聞いたりすること。」

また、同じく小3・4の「読むこと」の言語活動例には、次の記載がある。「記録や報告の文章、図鑑や事典などを読んで利用すること。」

これらの記述に関わる中教審答申「学習指導要領等の改善について」（平二〇年一月）は、各教科で行う言語活動の学習を支える三つの条件の一つに「学校図書館の活用や学校における言語環境の整備の重要性」を挙げ、「辞書、新聞の活用や図書館の利用などについて指導し、子どもたちがこれらを通して更に情報を得、思考を深めることが重要である。」と述べている。

以上に鑑み本稿では、小3・4への指導を念頭に置いて、次の2点の力を育てる指導について述べる。

①求める情報を得るために、適切な図鑑・事典にたどりつくことができる。

②複数の図鑑・事典の記載内容を読み、該当項目にかかわる解説の共通点や相違点を理解し、それらを総合させてオリジナルの詳しい解説を作ることができる。

なお、50音配列の事典の引き方、目次・索引の見方については、小3初期までに学習済みと想定する。

2　図鑑・事典にたどりつく

(1)「0類・総記」の本棚に親しむ

インターネットでキーワード検索をすれば、多数の参考文献を見つけることは容易だが、それについては割愛する。ネットで検索した図書がすぐ入手できなければ仕方がないからである。身近にあってすぐに手にできる図鑑・事典を活用することにしぼって論を進めたい。

何はともあれ、子どもたちを図鑑・事典の書架の前に立たせよう。調べ学習の初期の段階では、まずは書架の本の背表紙を眺め、その場でめぼしい本を手にとって開いてみることだ。そもそも、著者や書名の見当もつかない状態なら、カード検索もできない。

とは言え、広い図書館のどのあたりの書架を探せばよいかの見当は教えてやる必要がある。見当をつける場所の一つである「0類・総記」（日本十進分類法による）の書架に、子どもたちを親しませたい。

指導する教師自身も一度「総記」の書架を隅から隅までじっくりと見ることをお勧めする。自然科学や社会科学のみならず、人名関係、宗教関係など、実に様々な分野の図鑑・事典が備えられている。それら大量の図鑑・事典を目にすると、子どもたちにどの書籍を利用させたらよいか、教師自身が迷う。「総記」の書架は、本当に内容豊かなのである。

ただし、注意しなければならないことは、全ての図鑑・事典が「総記」の書架に配架されているとは限らないことである。ある図鑑が、特定分野――例えば「宇宙」――だけをカバーするものである場合、「4類・自然科学」に配架されていることもある。ある図鑑・事典が「総記」への配架になるか各分野への配架になるかは、その本の内容と同時に、その図書館の方針にもよる。この点については司書に確認しておき、必要に応じて各分野の書架も子どもたちに探させよう。

背表紙を手掛かりに書架の本を手に取ったら、目次と索引を見、調べたい事項が掲載されているかどうかを確認してゆけばよい。

(2)　本を探す本

どんな図鑑や事典を参考にすればよいのかがわかっていない場合、調べたい事柄から関連本を探せる次のようなシリーズなどは便利である。

『どの本で調べるか』小学生版全10巻・中学生版全8巻（図書館流通センター・リブリオ出版一九九七年）

このシリーズには、『新・どの本で調べるか』03年版（全一巻）と06年版（全一巻）とが追加されている。

使用例として『二〇〇六年版』で「流星」という語を調べてみると、『宇宙図鑑』（ポプラ社）、『絵でわかる宇宙大地図』（ネコ・パブリッシング）をはじめ七冊が紹介されている。もちろんこれらは関連図書の一部に過ぎないが、掲載ページや対象学年も記載された書籍案内は重宝である。

3　複数の図鑑・事典を活用する

図鑑・事典活用の初歩的な段階では、調べたい項目について説明されている資料を一つでも探し出せればよいだろうし、その説明を正確に理解できれば十分だ。しかし、次の段階としては、複数の図鑑・事典に目を通させたい。次のような発展を展望した指導を考えた。第2段階の作業は、A案でもB案でも複数の解説を複合させてどの図鑑・事典よりも詳しい解説を自分たちで作ることを目的としている。

【第1段階】

複数の図鑑・事典の「流星」の説明を読み、それらを単純に羅列して一覧できるようにする。

【第2段階A案】

複数の図鑑・事典に共通して述べられている説明を、基本的な解説として箇条書きする。また、特定の図鑑・事典にしか書かれていない説明を、付け足しの解説として箇条書きする。

【第2段階B案】

複数の図鑑・事典の中で解説が一番詳しいものを選ぶ。その一番詳しい解説を土台にして、そこで述べられていない事柄を他の図鑑・事典から付け足して、もっと詳しい解説を完成させる。

4　図鑑・事典活用の授業シミュレーション

【全3時間中の1時間目】

教師①　この時間は、班（3〜4人）ごとに調べたいことを決め、それの出ている図鑑や事典を探します。

教師②　調べたいことは、例えば「流星」のように具体的な単語で決めてください。そして、それが出ている図鑑や事典を必ず二冊以上見つけましょう。

教師③　（図書館の）ここからここまでが図鑑や事典が多く置いてある棚です。まずここを探して下さい。

教師④　君たちの班は「流星」について調べるんだね。あっちの棚に、宇宙関係の本が集められているよ。そこも探そう。

教師⑤　まず、題名から宇宙や星に関係ありそうな本を片っ端から開いてみよう。

教師⑥　本を開いたら、必ず見てほしいところが二か所ある。目次と索引だよ。目次と索引に、調べたい言葉が見つかったら、そのページを開いて読んでみよう。

教師⑦　調べたいことが出ている本は、いったん自分たちの席に集めておこう。何冊くらい集まるかな？

以上のような指示を出しつつ、子どもたちに図鑑や事典を数多く開かせる。私の勤務校の図書館の「総記」の書架で「流星」という語が目次や索引に出ている図鑑や事典を選び出してみると、小学生でも理解しやすそうな本が、左記のように何冊も見つかる。

『小学館の図鑑NEO８・星と星座』
『講談社宇宙・星座大図鑑　上』
『原色ワイド図鑑　天体・気象』（学習研究社）
『ニューワイド　学研の図鑑』
『天文学大辞典』（地人書館）（小学生向けではないかも）

教師⑧　五冊も見つかったのはすごいよ。（プリントを渡して）本の中の「流星」の説明をプリントのこの枠に書き写そう。五冊の本の説明が一目で見られるようなプリントをつくろう。

教師⑨　書き写した枠の横の欄に、本の題名、筆者名、出版社名を書いておこう。どの説明がどの本のものかを分かるようにしておくことは大切なことだよ。

教師⑩　説明が長かったり写真があったりしたら、先生がコピーしてあげます。それを切り取ってプリントに貼って下さい。

教師⑪　次の時間には、選び出した本の説明を合体させて、どの本よりも詳しい説明を自分たちでつくろう。

5　新聞やインターネットを活用する授業
――「中退・不登校　2割がニートに」のニュース（09・5・16 NHK）

小倉泰子（東京都葛飾区立大道中学校）

1　新学習指導要領の「新聞やインターネット」

新指導要領の中2の「読むこと」言語活動例に「新聞やインターネット、学校図書館等の施設などを活用して得た情報を比較する」がある。「内容」で示された「多様な方法で選んだ本や文章などから適切な情報を得て、自分の考えをまとめる」に対応している。中1の「本や文章などから必要な情報を得るための方法を身に付け、目的に応じて必要な情報を読み取る」と「文章と図表などとの関連を考えながら、説明や記録の文章を読む」の発展として、企図されているのだろう。また、中3の「論説や報道などに盛り込まれた情報を比較して読む」にその深化が示されている。

これまで、学習指導要領で「新聞」「インターネット」「報道」が示されたことはなく、メディアに取りまかれて暮らす子どもたちの生活の現実を考えると、これは一歩前進と言える。

しかし、何のためにメディアを取り上げるのか、メディアに関わってどういう国語の力をつけることが、今求められているのか等についてはほとんど言及がない。

ここでは、メディアを取り上げることによってどのような国語の読みの力をつけるのか、どのような教材を取り上げ、どのような授業をしたらいいのかを示したい。

2　メディアを読み解くにはどういう国語の力を育てる必要があるか

新聞などのメディアは、一般的に事実を伝えるものとされている。しかし、事実そのままではない。情報は送り手の意図によって、「選択」され「加工」されているのである。まず、情報は、送り手の意図によって「選択・加工」されたものであるという認識が重要である。

とすれば、メディアを読み解くために育てなければならない読みの力は、文章の表面的な理解だけでなく隠されている意図を見抜く力、それらの文章の真偽、論理的整合性などを批判的に読みとる力である。

このような力をつけるために有効な方法の一つは「比較」である。一つの出来事について書かれた複数のメディアの情報の違いを比較してみることによって、それぞれのメディアが何を意図し、情報をどのように「選択・加工」したのか明らかになってくる。

もう一つの方法は、その「比較」を子どもたちの「話し合い・討論」によって進めることである。一人ひとりの読みの力は不十分でも、「話し合い・討論」によって深まり、思考や論理が鍛えられていく。

これらのことは何も全く新しい提案というわけではない。読み研が説明的文章の読みなどで追求してきた論理的・批判的な読みの延長線上にある。

3 「中退・不登校　2割がニートに」の授業

二〇〇九年五月一五日公表された内閣府の「高校生活および中学生活に関する調査」の報道三つを教材とする。

①「中退・不登校　2割がニートに」（ＮＨＫニュース五月一六日）

②「〈ニート調査〉最大7倍…中退、不登校経験者から移行の割合」（毎日新聞五月一六日夕刊）

③「高校中退者、1割がニートに＝4年後の就業状況調査＝内閣府」（インターネット・時事通信五月一六日）

同じニュースソースの報道で以下三つの違いがある。

1　「見出し」の数字の違い

2　内容として取り上げる事柄の違い

（①と②は、中退・不登校の両方　③は、中退のみ）

3　「結論」の違い

（①は、「内閣府は、こうした若者が社会から取り残されないようきめ細かい支援が必要だとしている」

②・③は、「中退者（や不登校経験者）は困難な状況に陥るリスクが高い」ことを強調している。）

また、以下三つの共通性・問題点がある。

1　これらの見出し・数字は、高校生・中学生、また保護者・教師に「中退・不登校はニートになる」ということを暗に示している。

2　調査数があまりにも少ない。二〇〇〇人対象のアンケートで、二七七人の回答しかない。内閣府の公表は「(調査数に) 留意が必要である」と付記している。

3　どの報道も、ニート問題の本質的解明はなされていない。中退・不登校とニートを強く結びつけ印象づけるだけでなく、派遣・アルバイト・パート等の待遇が劣悪なのは、本人の責任だという主張と通底し、日本の雇用問題の本質をすり替えることになっていく。

4　授業シミュレーション

(1)　ニュースから受ける印象を出し合う

ニュースの与える印象を、自分の感覚から確認する。

教師①　今日は、テレビのニュースや新聞記事やインターネットを聞いたり読んだりするときにどんなことに注意しなければならないかを学習します。まず「中退・不登校2割がニートに」のニュースから。これを読んでどんなことを考えたでしょうか?

子ども　学校で不登校だと、大人になっても、正社員になれなくて、ニートになっちゃうんだって。

子ども　高校生でも中退しちゃうと、ニートだから、子どもの頃からちゃんと学校に行ってないと将来大変になるんだと思った。

(2)　①見出しの違いによる印象の違い、アンケート・調査結果のとらえ方——を意識させる

教師②　では、次に同じ調査を報道した毎日新聞の記事を読んでどう考えたでしょうか?

子ども　見出しが「最大七倍」とあってNHKよりかなりショッキングな感じがする。

子ども　「二七七人」というのは、中退者一六八人、不登校経験者一〇九人の合計なんだ。

子ども　二〇〇〇人にアンケートして、それだけしか回答がないのは、すごく少ないと思うけど。

教師③　参考までに、文科省の一六年度の調査によると、国公立の小・中学校の不登校児童生徒数は、一二万三三一七人、高校中退者数は、七万七八九七人。その中の二〇〇〇人にアンケートして、二七七人の回答。あまりにも少なすぎますね。

(3) 不登校のことが抜け落ちていることを読ませる

不登校の欠落から、事実の一部のみが報道されることもあり、抜けたところに何らかの送り手の意図があることに気づかせる。また、数字の点で考えると、三つの報道を合わせて見ると、何人に調査したのかが明らかになり、いずれも一つだけでは、調査の全容がわかりにくい。つまり、調査結果であるにもかかわらず、その一部しか報道されていないこともあることを理解させる。

教師④ 次のインターネットのニュース（時事通信）は？
子ども 不登校のことが話題から抜けている。
子ども 中退者には一五九五人にアンケートした。
教師⑤ 同じ調査の三つの報道を見たけれど、数字や見出しに使われている言葉でずいぶん印象が変わることが分かりましたね。さらに、取り上げる内容も違う。大切なことは、送り手が選んで発信する情報のみが私たちのところへ届く、メディアの現実、つまり、私たちは全ての事実をそのまま受け取ることはできない中にいることを認識することの重要性です。

(4) これまで確認したことをまとめる

教師⑥ どの報道も中学校や高校の頃、ちゃんと通学できていなかった人はニートになるという印象がある。では、中退や不登校が少なくなれば、ニートは減るの？
子ども 減らないと思う。
教師⑦ 「働く意欲のある若者が多い」と「わかった」とあるように、意欲はあるんだよね。意欲はあっても、何がないの？
子ども 仕事。働く場所。
教師⑧ 「ニート」問題の原因は？
子ども （不況で）普通の大人でも派遣とかアルバイトしかない。仕事がないことが大きな原因だ。
教師⑨ 三つの報道いずれも、そういうことにはふれていないね。送られるトピックを違う視点で見ることも忘れず、メディアの送る情報を受け取ることが必要です。

6 「論説や報道の比較」の授業にメディア・リテラシーの取り組みを

薄井道正（滋賀県・立命館守山高等学校）

1 新学習指導要領の「論説や報道の比較」

新学習指導要領の中2の言語活動例に「新聞やインターネット、学校図書館等の施設などを活用して得た情報を比較すること」がある。また、中学校第3学年には「論説や報道などに盛り込まれた情報を比較して読むこと」がある。

最近では、インターネットで新聞各紙の記事が読めたり、「新s あらたにす（http://allatanys.jp/）」では朝日新聞・日本経済新聞・読売新聞の三紙の記事や社説・コラムなどが比較して読めたりもする。そのため「論説や報道などに盛り込まれた情報」も、たしかに比較しやすくなり、教材化もしやすくなった。しかし、新学習指導要領の言語活動例が「比較すること」「比較して読むこと」にとどまっていることは問題である。また、第2学年から第3学年にかけて何らの発展性もない（批判や批評といった活動が欠けている）。

新聞などの「論説や報道」の読みについては、鈴木[1]みどり氏が述べているメディア・リテラシーの観点、すなわち「メディア社会を主体的に生きることのできるクリティカルな『読み手』」としての活動が必要である。

カナダのカリキュラムでは、八[2]つのキーコンセプト（基本的な概念）をメディア・リテラシーのすべての学習活動の前提としていて、次の二つもその一部である。

(5) メディアはものの考え方（イデオロギー）と価値観を伝えている。

(6) メディアは社会的・政治的意味をもつ。

メディア・テキストは「社会的・政治的意味」をもち、「イデオロギーと価値観」を伝えるものであり、私たち（オーディアンス）にはそうしたものを読み解いていくことが求められているのである。

2 論説や報道の読みでどういう国語の力を育てるか

これは斎藤美奈子氏が『それってどうなの主義』（白水社、二〇〇七年）の中で指摘していることであるが、二〇〇一年五月、皇太子妃の懐妊発表の直後、各紙はいっせいに女性天皇を支持して次のような社説を掲載した。

憲法は男女平等を定めている。それに基づき、選挙権が認められた。女性天皇に反対する根拠は、もはや説得力を持ち得なくなっている。（『朝日新聞』五月一五日付社説）

小泉内閣に五人の閣僚が誕生したように、男女が共に国や社会を担っていく時代である。それだけに女性天皇への道を開くのは当然である。（『産経新聞』五月一一日付社説）

男女平等から「男女共同参画」へと社会も進んでいる。見直しの動きは時宜を得たものというべきだ。（『読売新聞』五月一六日付社説）

そして二〇〇五年には皇室典範改正議論も湧きあがった。ところが、二〇〇六年九月六日、秋篠宮家に男児が誕生したとたん、掌を返すような社説が各紙に掲載される。

男子が誕生した以上、現行の順序をくつがえすような皇室典範の改正は現実的ではあるまい。（『朝日新聞』九月七日付社説）

男子誕生という新しい事態を受け、これまでの議論を白紙に戻して考えるべきだろう。（『産経新聞』九月七日付社説）

そう結論を急ぐ必要はなくなったが、積みかさねてきた議論をうち切ってはなるまい。（『読売新聞』九月七日付社説）

「男女平等」とか「男女共同参画」といった主張が建前にすぎなかった（本音では「男系男子」主義だった）ことは明白である。「論説や報道の比較」においては、そのようなメディアの隠された「ものの考え方（イデオロギー）」や「価値観」を読み解く力を育てる必要がある。

3　「論説や報道の比較」をどう進めるか

「比較」というのであれば、事実との比較も重要である。二〇〇九年五月五日のこどもの日に、産経新聞は次のような社説を掲載した。

戦前の軍国主義を忌むあまり、修身という観念を置き去りにしてきた。物質的な豊かさは手に入れたが、精神的豊かさはとてもそれに及ばない。道徳は乱れて、自分本位が幅を利かす。（略）先生の話を聞けない、勝手におしゃべりをする、授業中に教室内を徘徊し、教室外へ出て行ってしまう児童もいる。（略）家庭のしつけがなおざりにされてきたツケであることは間違いない。（『産経新聞』「こどもの日　〝親業〟もプロ目指したい」）

ここでは、「昔はしつけがしっかりしていた」けれど、今は「心の教育がなされていない」「家庭のしつけがダメになっている」という「事実」が前提になっている。だが、それはほんとうに事実なのか。

広田照幸氏は『日本人のしつけは衰退したか』（講談社現代新書）の中で、「〈昔はよかった〉という歴史像には、いくつかの誇張や歪曲のメカニズムが働いていること」や「『昔はしつけがしっかりしていた』という説は、きわめてあやしい」ことを、さまざまな文献をもとに論証している。左の引用はその一例である。

特に、幼少期のきびしいしつけが重視されてきた西洋と対照的に、日本の伝統的な子供観は、子供は自然に大きくなって一人前になるものだという考え方が支配的であった（山住正己「近世における子ども観と子育て」）。昭和の初めの熊本県須恵村に住み込んだ米国の人類学者は、小さい子供が傍若無人にふるまっても大人たちがほとんど怒らないことを詳細に描き残している（スミス&ウィスウェル「須恵村の女たち」）。日本の伝統的な考え方に基づけば、「子どもは年頃になれば自然に分別がつくもの」だから、小さいときにきびしくしつける必要などないと考えられていたのである。

事実と比較するとき、社説の言説がマスコミのつくった虚偽のイメージにすぎないことがわかる。では、「道徳」の乱れや青少年の犯罪を「現代家庭のしつけの衰退」に結びつけて論じる言説にはどのような意味があり、そこにはどのようなイデオロギーが隠されているのか。

家庭でのしつけが衰退したのではないとすれば、家庭での子育てが重視されるようになりながら、親がそれに十分対応しきれないでいる状況があると考えられる。そして、家庭でのしつけの重視が子育てに神経質なくらいに翻弄される親を増やし、子どもが重大な事件を起こすと、すぐに親の責任を問うという風潮を強めているともいえる。また、子育てを個々の家庭の責任とする（「自己責任」という）イデオロギーが制度や社会的な支援にかかわる議論をスポイルし、子育てに余裕のない親を精神的に追い詰めているともいえる。原因を「家庭教育の衰退」のみに帰結させる言説は、きわめてわかりやすい。だが、わかりやすさはときに思考停止を生む危険性を孕んでいることに注意すべきである（さまざまな要因が複雑に絡まり合っていることを見過ごし、社会や政治の責任から目を逸らさせる虞がある）。そのことが読み解けるように授業を展開すべきである。

4　授業シミュレーション

授業では次の三つの設問を柱とする。

設問1　社説を読み、下記の項目について「そのとおりだ」と思ったら○を、「そうではない」と思ったら×を付けなさい。

A　昔は家庭のしつけがきびしかった。

B　最近はしつけに無関心な親が増加している。

C　近年、道徳の乱れが顕著であり、青少年の凶悪犯罪も増えている。

D　それは、家庭の教育力の低下が大きな原因の一つとなっている。

設問2　配布した広田照幸氏の文章（『日本人のしつけは衰退したか』の一部）を読み、もう一度右の項目に答えなさい。

設問3　虚偽のイメージ（A～D）によって、どのような考え方（イデオロギー）や価値観を伝達しようとしているか、考えてみよう。

注

（1）鈴木みどり編『メディア・リテラシーを学ぶ人のために』一九九七年、世界思想社

（2）鈴木みどり氏編『新版Study Guideメディア・リテラシー【入門編】』二〇〇四年、リベルタ出版

7　表現活動やその後の読解に活かす「慣用句」「四字熟語」の授業
――ゲーム的要素を取り入れながら

建石　哲男（神奈川県川崎市立橘高等学校）

1　新学習指導要領での「慣用句」「四字熟語」

新学習指導要領の小3・4の中に、「長い間使われてきたことわざや慣用句、故事成語などの意味を知り、使うこと」という記述がある。また、中3では「慣用句や四字熟語などに関する知識を広げ、和語・漢語・外来語などの使い分けに注意し、語感を磨き語彙を豊かにすること」とある。

高校生であっても、慣用句や四字熟語などの知識が乏しい生徒も多い現状から、このように学習指導要領に明記したことは非常に評価できよう。しかし気をつけないと、単なる暗記知識にとどまってしまう。残念ながら指導要領にある「語感を磨く」ことを、どういった事につなげていくのかについては明記されてはいない。それゆえ、他の学習活動と繋がらなかったり、活発な活動が展開されてもそれに留まることも危惧される。

「語感を磨き、語彙を豊かにすること」は、その磨かれた語感を利用して、「文章をきちんと読むこと」、「表現すること」と繋がっていくことで価値を持つことであろう。であるから、覚えるだけの学習から、ぜひその後の活動や学習につなげていきたいものである。

もちろん、ことわざ、慣用句、故事成語は多種多様であり、また、語彙獲得の学習は継続的に行う必要があることからも、随時行う必要があるだろう。本稿では、「親しむ」「場面を通して差異を考える」「発展的に読みに活かす」実践の概略を報告する。

2　導入はゲーム的要素で

「ことわざや四字熟語に親しむ」という目的では、カルタを利用したゲームや、フラッシュカードで当てたりする活動も大変盛り上がる。テレビ番組などの影響もってか、高校生でもちょっとした時間にゲーム的にやると盛り上がる。

ことわざや慣用句、四字熟語の語彙指導は、まず「探す」「意味を調べる」「分類する」の活動になる。「探す」には新聞は有効な教材である。（意外とスポーツ記事に慣用句は多く、また、ことわざはコラムで見つかることが多い。）慣用句や四字熟語などもその構成や分類を考えさせて指導するにも、生徒が見つけた語句をもとに学習する方が意欲に繋がるのは言うまでもない。

3　スキットで似た慣用句との差異を考える（中学実践）

①身体語を含んだ慣用句を宿題で探させた。

②順に出させた上で、分類ができないか考えさせる。

※一般の意味と慣用句的な意味の両方を持っているもの

「足を引っ張る」「頭が下がる」「息があう」「息をのむ」「足元を見る」「目を見張る」「口を切る」など

※慣用句的な意味しかもたないもの

「揚げ足をとる」「手を焼く」「口が重い」「口が堅い」「のどから手が出る」「胸に刻む」「目が肥える」など

比喩的な表現になっている時が、慣用句として用いられているということを学習した。

③二人一組にして、慣用句を決めさせてスキットを作らせる。慣用句が重ならないように調整した。

④班内でスキットが適切か互いに確認させ、発表の練習をする。（適切なスキットか発表前に教師が確認した。対抗戦を行うから班外には秘密にさせた。）

⑤慣用句を虫食いにして発表。（班対抗ゲーム形式）

浩　あっ、誠先輩。こんにちは。自然教室はとても楽しかったですよ。話に聞いていたとおり、ご飯も美味しかったし、それに天気もよかったし。

誠　それはよかったな。今年もキャンプファイヤーやったの。

浩　はい、それもよかったです。校長先生の火之神にはちょっと笑っちゃいましたけど。さらに、その後の星空観測は、チョー感動しました。やっぱりこっちとは星の数が違いますね。あまりの星空に○○○○でしまいましたよ。

班毎に相談して、ミニボードに記入して黒板に掲示。

教師①　1・4班は「息をのむ」2班は「腰を抜かす」、3・5班は「目を見張る」6班は「目を丸くする」。今回はいろいろ出てきたな。正解は?。ほかの答えについてはどうだろう。

出題班　正解は「息をのむ」です。他の答えのうち「目を見張る」は正解にしてもいいかと思います。あと理由はちょっとわからないけど、他は不正解だと感じました。

教師②　では、このどれもが使えるような場面をみんなで考えてみて。

子ども　いきなり死体を見つけちゃった場面（一同笑い）

教師③　そうそう、本当にすごくびっくりしちゃった場面だよね。それだったらどれでもつかえそうだね。

（一同うなずく）

教師④　違いはどんなことかな、もう一度スキットをやってもらって考えてみよう。

（出題班が再度スキット）

子ども　スキットでは、感動した場面なんだよ。「チョー感動」って言ってる。

教師⑤　そこら辺に違いがありそうだね。

このように、発表した班が想定していた解答と異なるものでも、その場面にふさわしいものがないか検討させる。その慣用句が同じ意味なのか、似ているがすこし違うのか、それを場面を通して考えさせた。出題班にはできるだけ前もって、解答として出そうな正解以外の慣用句も考えさせておいた。また、生徒のやる気が持続するように、グループ対抗の成績表を張り出したり、一番早い正解の班に加点したりした。

4　語彙を広げ、さらに四字熟語や慣用句を用いてレトリックを学び、読解に活かす（高校での実践）

①四字熟語を生徒たちに新聞等からたくさん出させ、それを分類できないか検討させた。

「数字を含んでいるもの」　三寒四温　一石二鳥

「同じ漢字を重ねているもの」興味津々　戦々恐々

「同じような意味の二文字の言葉を重ねているもの」
　厚顔無恥　一致協力　天然自然　豪華絢爛
「二文字の言葉が主語述語、修飾被修飾になっているもの」男女同権　玉石混交　完全燃焼
「4つのものを並べているもの」花鳥風月　起承転結
形の上や、言葉の内容の構成からいろいろと考えることができた。

②「慇懃無礼」という四字熟語に注目させ、「慇懃」と「無礼」が対義的な意味の言葉であることに気づかせ、「対義結合」という、表現に深みを持たせる効果的な表現方法であることを確認して、同じような言葉のつながりがある慣用句を見つけさせた。

③「急がば回れ」「近くて遠い国」「公然の秘密」「ありがた迷惑」「ただより高いものはない」などが出た。

④「山月記」の学習に入った。虎になってしまった主人公（李徴）の独白部分について考えさせた。

　「臆病な自尊心」「尊大な羞恥心」というキーワードが「擬人法」かつ「対義結合」であると気づき、その効果を「目を引き、なにかおもわせぶりな表現になっている」と生徒たちが指摘した。

⑤李徴が託した詩について、それを聞いた旧友袁傪が「第一流の作品となるのには、何処か欠けるところがある」と感じた理由について考えさせた。

　生徒達は「格調高雅」「意趣卓逸」の意味を押さえた上で、「体裁や調子が優れていて、考え方が優れていても、レトリックを多用して技巧に走りすぎているのでないか」「思わせぶりな表現が多いことが、格調高雅・意趣卓逸と感じさせただけではないのか」といったこれまでとは随分異なった意見が出た。今までは「飢えに苦しむ妻子を顧みない冷たい人間性」という、人間性と文学作品を結びつけざるを得なく、若干違和感を覚えていたこの問いが、本文を根拠としながら表現技法を中心とした答えとなったことに驚きを感じた授業となった。

　なお、「対義結合」「矛盾語法・撞着語法」と呼び方について、また「逆説法」との関連についても諸説あるようだが、詳しすぎる分類や分析は授業で指導することは必要ないと考えている。

8 クイズやゲームで漢字の不思議を発見!

柳田 良雄(千葉県松戸市立松飛台小学校)

1 新学習指導要領の「漢字指導」

漢字の指導について新小学校学習指導要領では次のように示されている。

ア 学年ごとに配当されている漢字は、児童の学習負担に配慮しつつ、必要に応じて、当該学年以前の学年又は当該学年以降の学年において指導することもできること。

イ 当該学年より後の学年に配当されている漢字およびそれ以外の漢字については、振り仮名を付けるなど、児童の学習負担に配慮しつつ提示することができること。

ウ 漢字の指導においては、学年別漢字配当表に示す漢字の字体を標準とすること。

一〇〇六字という総数も含めて、現行の指導要領と異なることはない。

子どもたちにはできるだけたくさん漢字に触れる機会を与えてあげたい。したがって、板書の際などには、イに示されるように、振り仮名を付けるなどして習っていない漢字も用いるとよい。子どもたちは「先生、その漢字習っていません」と言うが、読みながら板書したり、振り仮名をふってあげたりすればよい。ノートに写す際はひらがなでよいとの約束事を決めておく。

書けないけれども何となく読めるという場面を多くつくるのである。この「何となく読める」というのも「漢字の不思議」といえる。

2 「漢字指導」はどういう国語の力を育てるのか

漢字を学ぶ際、誰もがノートに書くなどして繰り返し練習するだろう。そこでは短文づくりや熟語づくりなどと合わせて学ばせることも多いだろう。したがって「漢字指導」では文章を書く力、語彙を増やし使いこなす力といった「国語の力」を育てることになる。

先日、本校の校内研究にて、国語に関するアンケート調査を行った。その際「国語は好きではないけれど、漢字は好き」という回答がかなりあった。人物形象の読み取りや段落の要約は苦手だが漢字は楽しいというのだ。漢字はしっかりと練習すれば、成果が出る。点が取れる。「楽しい」とは「がんばればよい点数が取れる」ということのようだ。したがって国語の学習意欲喚起というねらいも「漢字指導」に見出せるだろう。

3 「漢字の不思議を発見する授業」をどう進めるか

教育出版の教科書であれば「漢字の広場」という単元がある。五年生、六年生はそれぞれ八つずつある。例えば五年生では「熟語のしりとり」「同じ読み方の漢字」「漢字の成り立ち」などである。六年生では「熟語づくり」「音を表す部分」「同じ訓をもつ漢字」などである。これらの単元はクイズ形式で示されていたり、発展学習につながるような構成になっていたりしているため、子どもたちは喜んで取り組む。

また、漢字学習は少しの時間でもできる。授業時間が、十数分間余るようなときには、漢字クイズや漢字ゲームなどを行うとよい。次項で、それらを紹介する。

「漢字の不思議」については、子どもたち自身が「漢字の広場」での学習やクイズ・ゲームを通していろいろ見つけ出すだろう。それを教師がほめて、その不思議さを価値づけてあげればよい。

しかし子どもたちでは気が付かない不思議さももちろんたくさんある。新聞や雑誌などからの情報をストックしておいて、子どもたちに話してあげるとよい。

例えば、記号のような漢字である「凸」「凹」。二つつながると「凸凹」、「でこぼこ」と読む。一文字では「凸」は「とつ」「でこ」と読み「高い」「突き出る」という意味。「凹」は「おう」「ぼこ」と読み、「へこみ、くぼみ」という意味。

もう一例。「一ヶ月」の「ヶ」はカタカナか、漢字か、記号か。一般的には「カタカナ」と解釈されているが、もともとは「か」と読む「个」という漢字があり、それがカタカナの「ヶ」に似ていることから使われるようになった。

このような話をたまに盛り込みながら進めるとよい。

4 「漢字の不思議を発見する授業」の授業シュミレーション

(1) 熟語探し、熟語づくり

「漢字の広場　漢字三字以上の熟語の構成」(教育出版六年・上)で四字熟語を学ぶ。これを新聞から見つけ出させる。四字だけでなく、五文字、六文字の熟語も見つけさせるとよい。

もう一つ。この単元で「パロディ熟語づくり」もおもしろい。

「自分自身のことをけなすような四字熟語がつくれたら、すごい。先生のことでもいいですよ。」

と言う。私の学級では「百屁無敵」「一得二失」「概算解釈」(算数で概算の勉強をした)「中川酒乱」などが出された。

パロディとして「名前づくり」もおもしろい。

「昔、自分の子どもに『悪魔』という名前をつけた親がいました。それはひどいという意見と、いや親の判断でよいという意見、賛否両論出され話題になりました。さて、皆さん、将来の自分の子どもに漢字で名前をつけてください。」

・蹴太(しゅうた)　蹴球(サッカー)が上手になるように。
・金多(きんた)　お金持ちになるように。
・寿大亜(すたあ)　スターになれるように。

(2) 漢字のしりとり

「漢字の広場　熟語のしりとり」(教育出版、五年・上)で熟語のしりとりが示されている。例として「旧→友→人→格」があげられている。旧友→友人→人格というしりとりになるわけである。

他に次のような漢字しりとりもおもしろい。

・部首を同じにした「しりとり」

例えば「個→仁→伴」「国→図→因」

・二文字熟語でつなげる「しりとり」

例えば「野山→山道→道路」
・画数を同じにする「しりとり」
例えば「代→民→生」

(3) 漢字リレー

「漢字の広場　同じ読み方の漢字」（教育出版五年・下）で同音異義語を学ぶ。これを次のようなリレー形式にするとおもしろい。三、四人のグループをつくる。例えば「コウ」と読む字をグループごとに板書していく。書けなくなったグループが負け。

なお、この「リレー形式」は様々に利用できる。例えばグループ内の「リレー」もよい。三、四人で一組のグループをつくる。まず全員が自分のノートに木へんの漢字をたくさん書く。そのあと一人ずつ発表していく。言えなくなった子が負け。

他に五画の漢字という条件など、いろいろなバリエーションが考えられる。

(4) 反対言葉

「漢字の広場　熟語の組み立て」（教育出版五年・上）で「二文字の熟語は組み立てに着目することでおおよその意味を推測できる」ことを学ぶ。例えば「上の漢字が主語であるもの」として「県営」「人造」があげられ、「上の漢字が下を修飾するもの」として「水量」「残雪」「仮題」があげられている。

ここで「反対言葉」をみつけさせるのもよい。「山川」「男女」「縦横」「上下」などである。

また、反対の意味の熟語探しもよい。「親分―子分」「上手―下手」「外科―内科」などである。

さらに、これらを「かるた」にして遊ぶのもよい。反対言葉をカードの両面に書いて、机の上に並べる。先生が「親分」と言ったら、「子分」と書かれた札をとるのである。二人一組で向き合い、子どもたち同士で問題を出し合っても楽しめる。

9 「昔の人のものの見方・感じ方を知る」古典の授業
――徒然草「奥山に猫またといふもの」を現代文のセオリーで読む

湯原 定男（岐阜県・多治見西高等学校）

1 新学習指導要領の「古典」

中学校新指導要領では、〔伝統的な言語文化と国語の特質に関する事項〕の中で、次のように音読重視の方向性が示されている。

「文語のきまりや訓読の仕方を知り、古文や漢文を音読して、古典特有のリズムを味わいながら、古典の世界に触れること」（1年）「作品の特徴を生かして朗読するなどして、古典の世界を楽しむこと。」（2年）

繰り返し音読したり暗誦したりすることで古典の世界に親しませ、古典の世界に近づいていくことは、意味のあることである。目で追うだけでなく、まさに言葉を血肉化するための一つの方法であろう。

ただし、それは加藤郁夫氏が「音読・暗誦それ自体が目的化されてしまうことの危うさがある[1]」と指摘しているように、内容理解をなおざりにした形式的な音読主義・活動主義に陥ってしまう危険性もある。

『中学校指導要領解説・国語』は「伝統的な言語文化」について次のように述べている。

「伝統的な言語文化とは、我が国の歴史の中で創造され、継承されてきた文化的に高い価値を持つ言語そのもの、つまり文化としての言語、……、表現し、受容されてきた多様な言語芸術や芸能などを幅広く指している」

そのことそのものは妥当な指摘だとしても、ふだん生徒が授業で学んでいる文学作品や説明文の読解とどう関係するのかは書かれていない。国語として普段学んでいる読みの方法との連続性はあるのかどうか。古典と現代文が切り離されているのだ。

2　古典でつける力とはどのようなものか

先にあげたように「古典」が「我が国の歴史の中で創造され、継承されてきた文化的に高い価値を持つ」ものだとすれば、児童生徒自身が授業を通して、その文章を「価値・評価が高い」と感じられなくてはならないはずだ。「価値が高いと言われている文章」ではなく、「自分自身が価値があると感じられる文章」として読めるように授業を組み立てるようにしたい。「価値がある」を「おもしろい・深い・さすがによい」などと置き換えてもいい。作品の「価値を発見する」授業をめざすのである（教師自身が読めているのかどうかも、自戒を込めて重要な視点だと思う）。

とすれば、それは現代語で書かれた作品を深く読むという、国語の授業と基本的には重なってくる。現代文と同じように、「書かれたものを手がかりに深く読む力」をつける授業が「古典」の授業といえるのではないか。

古典の授業とふだんの国語の授業とは切り離されがちだが、こう考えればひとつの「日本語を読む」という点で、共通性をもたせることができる。

3　徒然草「奥山に猫またといふもの」の教材研究

徒然草八九段「奥山に猫またといふもの」は中学や高校の古典の教材として多く採用されている。猫またという怪獣が人を食うという噂に不安になった臆病な連歌師が猫またにおそわれて大騒ぎをしほうほうの体で家へ戻るが、じつは飼い犬が主人によろこんで飛びついたのだったというオチの滑稽な話である。

この話のおもしろさはどこにあるのだろうか。また、現代文を読むセオリーで読むとどう読めるだろうか。

読み研では小説や物語を読むとき「最高潮」に注目する。「関係性がもっとも変化するところに注目」する。

この段の場合、もっとも大きな転換が起こるのは「飼ひける犬の、暗けれど主を知りて、飛びつきたりけるぞ」という最後の一文だ。犬は遅くまで帰ってこなかった主人の帰りを喜んで飛びついた。「猫また」に襲われ大騒ぎをした法師が、じつはとんでもない勘違いをしていたことが明らかになる箇所だ。ここからつぎのようなことを読み取ることができる。

①「猫また」はいなかった、勘違いだった。
②人はうわさにふりまわされてしまう愚かなものだ。
③人は思い込みで判断を誤る愚かなものだ。
④愛情表現さえも、誤解してしまうことがある。
⑤人は「事実」よりも、「思い」や「想像」「空想」の中で生きている。

ところで彼はなぜ勘違いをしたのか。噂の問題だ。『①奥山に猫またといふものありて、人を食らふなる』と、人の言ひけるに、『②山ならねども、これらにも、猫の経上がりて、猫またになりて、人とることはあなるものを』と言ふものありけるを」と冒頭で世間のうわさ話が直接話法で表記される。

二つの直接話法で記された①・②のうわさを比較してみる（「似た表現を比べて読む」は重要な読みのセオリーの一つである）。

場所は「奥山」と「山ならねども、ここらにも」。②では自分たちに身近な場所に猫またが登場することになる。そして、②では「猫の経上がりて、猫またになりて」と猫またの由来もまことしやかに語られる。「猫」はどこにでもいる当たり前の存在だ。こう書かれると「猫また」もまた「現実化」する可能性が大きく感じられる。「ひょっとして目の前にでてくるのではないか」と、都に住む人々に「不安」や「恐怖」を呼び起こすものへと、変化してきているのだ。この「変化」こそうわさ話の本質ではないか。だからこそ、この法師は「心すべきことにこそと思ひける」のである。はじめより大きくなったうわさ話やデマであわてるのはどの時代の人も同じだ。

こうして「大きな転換」に注目し、その理由を読むこと、それらを比較して読むことで、この「猫また」の段は読み深めることができる。

4　授業シミュレーション

教師①　さて、この話の「大きな転換」はどこ？

【読むべき箇所は大きな転換をしているところが多いことを意識させる】

子ども　最後の一文です。法師が勘違いしていることがはっきりするところです。

←→

（このあと、この一文と、襲われるところを描写した一文を比較し、その落差を読み取る。）

教師② じゃあ、どうしてこの人は勘違いをしてしまったのだろう。本文から考えて。

子ども 夜更かししていて、暗くてよく見えていなかった。

（教師は、当時の夜の暗さについて説明する。）

子ども うわさ話を信じた。

子ども うわさ話を聞いたすぐあとだった。

教師③ どうして信じたのだろうか。どういううわさだろうか、詳しく見てみよう。二つ書いてあるね。似ているけれど、この二つのうわさ話、比べて読んでみよう。何が読めるかな。「似た表現を比較して読む」は重要なセオリーだったね。

【セオリーとして子どもに意識させることで、次の作品を読むときに生きる】

子ども 「奥山」「やまならねども、これらにも」が違う。

子ども 後ろの噂には「猫の経上がりて、猫またになりて」が加わっている。

教師④ ああ、そうだね。これらのことからわかることは何だろう？

子ども 話が遠いところから、近いところへ。身近なところへ。

子ども 「猫また」っていう怪獣が、実は身近にいる猫から生まれているということで、より不安になる。

教師⑤ そうこの二つのうわさ話並べてみると、より身近で「不安」や「恐怖」を感じるような配列になっている。こうしたうわさ話、こう読んでみるとどう？

子ども 現代も同じ。どんどん話が大きくなっていって不安になっていく。

【これで何気なく読んでいたうわさ話も、配列や内容に工夫がされていることに気づく】

注

（1）科学的『読み』の授業研究会編『研究紀要X』二〇〇八年

Ⅲ　小学校・物語「大造じいさんとガン」（椋鳩十）の1時間の全授業記録とその徹底分析

1　「大造じいさんとガン」のクライマックスを読む授業・1時間の全授業記録

記録・コメント　加藤郁夫（京都府・立命館小学校）

授業日時　二〇〇九年六月一五日（月）5校時
授業学級　京都府・立命館小学校　5年S組
男子14名　女子15名
授業者　永橋和行先生
＊枠囲みの箇所は、加藤のコメントである。

授業の前に永橋先生は以下のように板書をしている。

> 大造じいさんとガン　椋鳩十
> 文学作品
> 表層の読み
> 深層の読み
> 一　構造の読みとり（筋）
> 二　形象の読みとり（詳しい読み取り）
> 〈三の場面――後半〉

> 授業の開始前から子どもたちは作品の音読をしている。教師が手を叩くと静かになり、「はじめましょう」の声ではじまる。授業開始の場面だけをみても、永橋先生の日常の指導のありようがうかがえる。

子ども（一斉に）　よろしくお願いします。

教師①　じゃあノートあけてください。クライマックスはどこでしたか？

子ども　「大造じいさんは、強く心を打たれて、ただの鳥に対しているような気がしませんでした。」（他の子ども「いいです」の声）

教師②　今日は、この前実習生の先生が教えてくれた続き。三の場面に入ってましたね。前半まで読み取りまハヤブサは、その一羽を見のがしませんでした。

じいさんは、ピュ、ピュ、ピュと口笛をふきました。

こんな命がけの場合でも、飼い主のよび声を聞き分けたとみえて、ガンは、こっちに方向を変えました。

ハヤブサは、その道をさえぎって、パーンと一けりけりました。

ぱっと、白い羽毛があかつきの空に光って散りました。ガンの体はななめにかたむきました。

もう一けりと、ハヤブサがこうげきの姿勢をとったとき、さっと、大きなかげが空を横切りました。

残雪です。

大造じいさんは、ぐっとじゅうをかたに当て、残雪をねらいました。が、なんと思ったか、再びじゅうを下ろしてしまいました。

残雪の目には、人間もハヤブサもありませんでした。ただ、救わねばならぬ仲間のすがたがあるだけでした。

いきなり、敵にぶつかっていきました。そして、あの大きな羽で、力いっぱい相手をなぐりつけました。

不意を打たれて、さすがのハヤブサも、空中でふらふらとよろめきました。が、ハヤブサも、さるものです。さっと体勢を整えると、残雪のむな元に飛びこみました。

ぱっ
ぱっ
羽が、白い花弁のように、すんだ空に飛び散りました。

そのまま、ハヤブサと残雪は、もつれ合って、ぬま地に落ちていきました。

大造じいさんはかけつけました。

二羽の鳥は、なおも地上ではげしく戦っていました。が、ハヤブサは、人間のすがたをみとめると、急に戦いをやめて、よろめきながら飛び去っていきました。

残雪は、むねの辺りをくれないにそめて、ぐったりとしていました。しかし、第二のおそろしい敵が近づいたのを感じると、残りの力をふりしぼって、ぐっと長い首を持ち上げました。そして、じいさんを正面からにらみつけました。

それは、鳥とはいえ、いかにも頭領らしい、堂々たる態度のようでありました。

大造じいさんが手をのばしても、残雪は、もうじたばたさわぎませんでした。それは、最期の時を感じて、せめて頭領としてのいげんをきずつけまいと努力しているようでもありました。

大造じいさんは、強く心を打たれて、ただの鳥に対しているような気がしませんでした。


（「大造じいさんとガン」の「3」の場面の後半部分、『国語五（下）』二〇〇九年、光村図書）

したよね。今日は、「3」の場面の後半。ここにはクライマックスが入っていますよね。

教育実習が前の週まであり、実習生が授業を担当していた。その続きでの授業である。「3」の場面の後半とは、「いきなり、敵にぶつかっていきました。～大造じいさんは、強く心を打たれて、ただの鳥に対しているような気がしませんでした。」である。

教師③　クライマックスは、一番盛り上がって、大きく変わるところですね。今日はどう変わるのかを読みとっていきましょう。では読んでもらいましょう。

大勢の子どもの手が上がる。立命館小学校の子どもたちの積極性が見て取れる。手をあげた生徒のうち、二人を指名して「3」の場面の後半を音読。

教師④　はい、教科書をおきなさい。みなさんは勉強の仕方もいっしょに勉強していますが、どういう風なところに目をつけて線引きをしていくのでしたか？

子ども　残雪に対する大造じいさんの気持ち

教師⑤　いいですか？

子ども　はい

ここで「勉強の仕方」というのは、どのような箇所に目をつけて物語を読んでいけばよいのかということである。子どもたちが、自らの力で作品を読み深めていけるようになること、永橋先生はそれを意識し、また意図的に子どもたちに語りかけているのである。

教師⑥　数を言った方がいいですか？実習生の先生は言ってくれましたね。三つとか四つとか。言わなくていいですか？

子ども　（うなずく）

「3」の場面の後半で、読み取る箇所を何か所見つければよいと指示した方が授業は分かりやすく、スムーズに展開する。しかしここで、敢えてその数を教師は指示しないで、子どもたちが自分で考えてみるようにさせている。子どもたちに、自分の力で考えさせようというねらいである。

教師⑦　では、大造じいさんの残雪に対する気持ちが読みとれるところ、文単位で線引きしてください。個人個人でどうぞ。

子どもたちは、各自で「残雪に対する大造じいさんの気持ち」が読み取れる箇所に線を引いていく。教師は子どもたちの中を周りながら個別指導をする。この間、約三分。

教師⑧　もういいですか。

子ども　はい。

教師⑨　ちょっと聞いてみましょう。一個見つけた人。

子ども　（数名）

教師⑩　二個見つけた人。

子ども　（七～八名の手が上がる）

教師⑪　三個見つけた人。

子ども　（クラス半分くらいの手が上がる）

教師⑫　四個以上見つけた人。

子ども　（数名）

教師⑬　ではグループで話し合ってみよう。自分の教科書を見せて、どこに線を引いてあるか確認する。同じ所はそれでいいし、違うところがあったら、それ違うんじゃないの。あ、そうか、これもかっていう感じで話し合いをしてください。いいですか。

子ども　（大きな声で）はい。

グループの人数は、基本は四人である。途中で教師は「まとまった班は誰が発表するか決めておいてね」と指示を入れる。

教師⑭　なるべく前から順番に、出してください。どこの場所が気持ちが読めますか？

子ども　「大造じいさんはかけつけました。」

教師⑮　いいですか？

子ども　いいです。

教師⑯　他の所はありますか？

子ども　「大造じいさんは、強く心を打たれて、ただの鳥に対しているような気がしませんでした。」

教師⑰　これはいいですか？

子ども　はい。

教師⑱　当たり前ですよね。これ。

子ども　（「クライマックスだから」という声があちこちから出る）

教師⑲　一番大きく変わったところだからね。これは「3」の場面の最後ですから、最後に書きますね。その前にありますか？

子ども　「それは、鳥とはいえ、いかにも頭領らしい、堂々たる態度のようでありました。」

子ども　（「違うと思います」の声が上がる）

教師⑳　何で違うと思うの？

子ども　ここは残雪の様子が書かれていて、大造じいさんが見てそういう感じじゃないかなって思っただけで、気持ちではない。

教師㉑　大造じいさんの気持ちではないよね。でもね、先に言っておくと、ここは重要な場所だね。またあとでね。まだある？はい。

子ども　「大造じいさんが手をのばしても、残雪は、もうじたばたさわぎませんでした。」のところ。

子ども　（ここでも「違うと思います」の声が上がる）

教師㉒　違うの？

子ども　これは残雪の様子だから、違うと思います。

教師㉓　そうですね。「大造じいさんが手をのばしても、残雪は、もうじたばたさわぎませんでした。」だから、残雪の話なんだよね。ただ「大造じいさんが手をのばしても」というところから、大造じいさんの気持ちは、読める？読めない？

子ども　（「読める」という声が多く出る）

教師㉔　読める？入れる？入れない？どうする？

子ども　（「入れる」「入れない」の二つの声）

教師㉕　話の筋からすると、この文はもともと残雪の文だよね。ただおじいさんの気持ちが読めるといえば

子ども　読める。

教師㉖　入れときましょうか。

教師は、以下のように板書する。①②③の文の間は、後から書き込めるように、少し開けるように指示する。

大造じいさんの残雪に対する気持ち

①大造じいさんはかけつけました。

②大造じいさんが手をのばしても、残雪は、もうじたばたさわぎませんでした。

③大造じいさんは、強く心を打たれて、ただの鳥に対しているような気がしませんでした。

教師㉗　他にありますか？さっき四つ以上といった人は、重なっていたのかな。この三つでいいですか。ではすぐに読み取っていきましょう。鉛筆を置いてください。

ここで教師は、子どもたちがノートに文を写し終えるまでしばらく時間をとる。ノートを取る間であるとともに、ここからは、深い読み取りをしていくのだという授業のトーンを変える間でもある。ここまでで授業時間の約半分、二十分が経過。

教師㉘　読み取っていきましょう。「そのまま、ハヤブサと残雪はもつれ合って、ぬま地に落ちていきました。」その後ですね、「大造じいさんはかけつけました。」どういうことが読めますか？

子ども　残雪が心配。

教師㉙　もう少し詳しく言うと、どういうことが心配なの？

子ども　残雪が、けがしていないか。

教師㉚　その読みは読めますか？

子ども　（口々に「読めます」）

教師は生徒の意見をすぐに取りあげるのではなく、それが読めるかどうかを全体に確認した後に、板書している。

教師㉛　まだ読めるでしょ。

子ども　残雪を捕まえにいった。

教師㉜　もうない？

子ども　ハヤブサをどっかにやって、残雪を助ける。

教師㉝　残雪を助ける？　あれ、「1」の場面とか「2」の場面では、大造じいさんは、残雪のことをいまいましく思っているって読みとったよね。

子ども　はい。

教師㉞ それじゃあ、今の残雪を助けにいったというのは、前に読み取ったことと合っていないんじゃない？

子ども 「3」の場面前半の終わりで、残雪はおとりのガンを助けにいったから、残雪に借りがあるから、それを返しにいった。

教師㉟ この前の授業で「残雪です。大造じいさんは、ぐっとじゅうをかたに当て、残雪をねらいました。が、なんと思ったか、再びじゅうを下ろしてしまいました。」を読んだね。これ何でじゅうを下ろしたと読んだのですか。ノートで確認。

子ども 残雪のことを信じている。

教師㊱ 信じている中身を詳しくいうと？

子ども 残雪は仲間を助けているのに、ひきょうなことはできない。

教師㊲ というのを思い出しましたか？そうすると、この助けにいったという読みは、あり得る？

子ども はい。

教師㊳ ただ、どれとは確定はできないけどもね。いいですか。次に行きましょう。「大造じいさんが手をのばしても」これはどう読めるのかな？

子ども 手当てしてあげるとか、助けてあげるとか。

教師㊴ そうだね。「手をのばす」というのはどういうときに使うのかな？これだけでいいですか？

子ども 捕まえに行く。

教師㊵ なるほどね。「手をのばす」は、助けるときに使うのかな、捕まえにいくときに使うのかな。読みの可能性としてはどちらもあるね。①のところも、残雪を助けにいったという読みと捕まえにいったという読みの両方読めるね。どっちなんでしょうね。最後のところに行っていいですか。クライマックスのところ。クライマックスで何が変わったのでしたか？

子ども 仲間を救う姿に感動した。心を打たれた。

教師㊶ これだけですか。

子ども 頭領として、堂々とした態度に心を打たれた。

教師㊷ これもう一度確認しようか。「最期のときを感じて」の「最期」と「最後」の違いは分かりますか。

子ども 「最期」はもう死ぬというときに使う言葉。

「最期」と「最後」の違いをここでは取りあげている。似かよった言葉の意味の違いを考えることは、読みを深めていく重要な方法の一つでもある。

教師㊸ ということは、残雪はもう死ぬんだなあと分かっているんですね。でも助けてとか逃げたりしないで、堂々と頭領としての威厳を傷つけまいとする残雪の姿に、大造じいさんの残雪に対する見方が変わっていったのですね。さて、今日は「3」の場面の後半を読み取ったのだけど、今から「3」の場面全体の読み取りのまとめをします。前の時間の「3」の場面の前半のまとめを確認します。誰か発表してください。

子ども 今年こそは残雪を捕まえるぞという気持ちと自信がある。

教師は黒板に「3」の前半の場面のまとめを黒枠で囲って書く。その後に「3」の場面全体のまとめを書き入れる赤枠を書き、子どもたちに以下の指示をする。

教師㊹ というふうに読みとったんだよね。その「3」の前半の読み取りと、今日の「3」の後半の読み取りを一つにまとめます。5分で各自ノートにまとめてください。

子どもたちが作業をしている中で、教師は「どこが重要か、わかりますか？」と助言を打つ。子どもたちからは、「クライマックスのところ」と答えがかえってくる。「そうですね」と教師は答えながら、どこに目を向けてまとめていけばよいのかを示しつつ、作業を続けさせる。

教師㊺ では、まとめたものを発表してください。

子ども 今年こそは、残雪を捕まえようと思ったが、仲間を救う姿に心を打たれた。

教師㊻ いいですね。他にありますか。

子ども 残雪を捕まえようと思ったが、仲間を救う姿や、最期まで頭領として堂々としている姿に心を打たれた。

教師㊼ 頭領として堂々としている、を入れたんですね。

子ども 残雪を捕まえてやるぞと思っていたが、残雪が仲間を助けている姿を見て、強く心を打たれた。

子ども 今年こそ捕まえてやるぞという強い気持ちがあったが、残雪が仲間を救おうとする姿を見て感動した。

子ども 残雪を捕まえようとしたが、頭領としての堂々とした態度に打たれた。

教師㊽ 今みなさんの発表を聞いていると、仲間を救う姿に心を打たれたと、最期まで頭領として堂々としている姿に心を打たれたの二つのことがあったのですが、これでいいですか。みなさん二つのことが書かれていますか。

子ども はい。いいです。

教師㊾ では、みなさんの発表をもとにまとめてみましょう。（黒板に、まとめを書く。）

黒板に「今年こそは残雪を捕まえようと思ったが、仲間を救う姿や頭領として最期まで堂々とした態度に心を打たれて、残雪に対する見方（気持ち）が変わった」と「3」の場面のまとめを板書。

教師㊿ 「3」のまとめはこれでいいですか。

子ども いいです。

教師51 まとめは黒板のこのまま写してもいいけど、自分の言葉でまとめるほうが大事ですよ。それでは次の時間は「4」の場面を読み取っていきます。では終わります。

2 授業へのコメント――その1
――的確で先を見通した指示がスキのない授業を創っている

高橋喜代治（成蹊大学）

1 遊ばせない指示

授業ビデオを見て一番私が驚き、感心したのは、遊んでいる子どもがいない、ということだ。それは1時間の授業の全部を通して言えることだ。そして、そういう授業を作り出している主要な理由を、私は永橋先生の指示の巧みさに見ている。

授業の始まりで（正確には始まる前に）、子どもたちは教材である「大造じいさんとガン」の音読をしている。一方、教師は黒板に学習過程（授業記録一一二頁を参照）を書いている。つまり、教師と子どもが別々のことをしている。子どもがしっかり音読しているのは、永橋先生がそういう指導（指示）を出しているからである。

実は、このような子どもにとって空白のような場面や時間は授業にはある。例えば、ノートの個人指導をしたり、必要な教材機具を設置したりする場合である。あるいは、長い小説などを一斉に通読させた場合である。早く読める子どもと遅い子どもとの差は数分できてしまうが、早く読み終えた子どもはどうするのか。大抵の場合、子どもは教師の作業が終わり、通読を全員が終わるまで待たされることになる。実際の授業ではこの時に何をさせるかは大切なことである。

やがて永橋先生が「はじめましょう」と声をかけると、子どもたちは直ぐに音読を止めて、今日の授業がすんなりと始まった。いうまでもなく、音読は子どもたちが学習に入っていく心の準備にもなっていたのである。すんなり学習に入れることがどれほど大事なことかは言うまでもない。

2　一回だけの指示と構成

また、永橋先生の指示はとても具体的で実効性が高い。そして、なにより一回の指示で終わらせている。

教師⑦で、「では、大造じいさんの残雪に対する気持ちが読み取れるところ、文単位で線引きしてください。個人個人でどうぞ。」と指示を出している。何をどんなふうにやればいいのかが無駄なく指示されている。子どもたちが今何をすればいいのかが明確なのである。

一般に教師の指示は一回で終わらない場合が多い。永橋先生のこの指示を例にすると、ひどい場合には次のように三回に分けられて学習や作業の途中で出されてしまうことさえある。

①大造じいさんの残雪に対する気持ちが読み取れるところに線引きしなさい。
②文単位で引きなさい。
③個人個人で引きなさい。

②と③を思い出したかのように後から指示されたら、子どもは混乱してしまう。

このように指示が具体的で実効性の高いものになっているのは、永橋先生の指示が教科内容と学習の仕方を意識して構成されているためだ。①が教科内容で②と③が学び方の指示である。このような意図的、計画的な指示は他にも多く指摘できる。

教師⑬では次の三つの指示を出している。①「ではグループで話し合ってみよう。」②「自分の教科書を見せて、どこに線を引いてあるか確認する。」③「同じところはそれでいいし、違うところがあったら、それ違うんじゃないの。あ、そうかこれもかっていう感じで話し合いをしてください。」

これらは話し合いの方法についての指示である。①は小グループ（班）で話し合うこと、②と③はその方法である。この場合の班の話し合いは、各班員が個人で考えた線引きの単なる突き合わせである。永橋先生は、なぜそこに線を引くのかという内容に関する話し合いになることを避けたのだと私は思う。そして、それでよいと思う。なぜなら、この班の話し合いは何となく線引き箇所が一致したものを全体の場に発表することにだけに意味があると思うからである。話し合いの途中で「発表者を決める」という指示を出しているから指示が二回になっているが、この中途指示で話し合いに混乱が起きるとは考えられないので問題はない。

教師④で永橋先生は「みなさんは勉強の仕方もいっしょに勉強していますが」と子どもたちに話しかけているが、そのことが指示を見るとよく表れていて、授業づくりの参考になる。

3 言葉の力はついたか

指導案がないので予想する以外にないが、この授業の学習目標は、教師③に「クライマックスは、一番盛り上がって、大きく変わるところですね。今日はどう変わるかを読みとっていきましょう。」とあるように、クライマックスを含む山場の形象読みということになる。

そのために、永橋先生は「大造じいさんの残雪に対する気持ちの変化」を読み取る授業を構想した。そして「気持ちが読み取れる文」として、次の三つの文を取り上げさせ、形象を読んでいく学習が展開される。

①大造じいさんはかけつけました。

②大造じいさんが手をのばしても、残雪は、もうじたばたさわぎませんでした。

③大造じいさんは、強く心を打たれて、ただの鳥に対ているような気がしませんでした。

そして、「堂々と統領としての威厳を傷つけまいとする残雪の姿に、大造じいさんの残雪に対する見方が変わっていったのですね。」（教師㊸）と解説して、「今年こそは、残雪を捕まえようと思ったが、仲間を救う姿や統領として最期まで堂々とした態度に心を打たれて、残雪に対する見方（気持ち）が変わった」とまとめて終了している。

一見よくまとまった授業のようだが、私はこれでいいのだろうかという疑問を率直に表明したい。

まず、言葉の形象を読んでいないのではないか。だから、言葉の力がつかないのでは?という疑問である。

授業記録を読むと、①の形象よみで、教師の「どういうことが読めますか?」と問い、子どもたちから次の4つの読みを引き出している。（教師㉘の次～教師㉝の前）

ア　残雪が心配／イ　けがしてないか／ウ　残雪を捕まえにいった／エ　残雪を助ける

そして、まず「残雪を助ける」の読みを取り上げ、「1」「2」の場面（いまいましく思っている）との矛盾を指摘する。さらに「3の場面の終わり」の読み「残雪が仲間を助けた」を理由に「大造じいさんは残雪を助けに行った」という読みも認める。

だが、ここで落としてはならない読みは、「走って行きました」ではなく「かけつけました」のみが持つ独自の豊かな形象ではあるまいか。「残雪を心配して」とか「けがしてないか」などの読みが子どもから出ているが、その時の大造じいさんのあせりや心配を言葉に則して生き生きと読むのが、国語の文学作品の学習ではないだろうか。

②の「手をのばしても」では言葉の形象を読み取ろうとしているが、ここから「助ける」とか「捕まえる」などを読みとることには積極的な意味が見いだせない。大造じいさんは、「残雪が驚かないように、あまり近づかないで、手だけをそっとのばした」と、大造じいさんの息づかいを感じさせるように読み取らせればいいのだと思う。

4 「何が変わったか」を十分に読みとるには

③のクライマックスではいきなり「何が変わったのですか」とそれまでと問いの質が変わっている。だから子どもは「仲間を救う姿に感動した」、さらに「堂々とした態度に心を打たれた。」と、これまでの「どういうことが読める」に対応する回答をしている。

そこで、教師は「最後」と「最期」の違いに触れながら、「見方が変わったんだね」と解説せざるをえなくなったのだと私は分析する。この経過からは残念ながら、子どもたちが学習目標である「何が変わったか」を教わったかもしれないが、それは構造よみのクライマックスの検討以上に出ていないような気がする。

「何が変わったのか」を十分に読み取るためにはクライマックスとその周辺の豊かな読みが不可欠である。大造じいさんは何に強くこころを打たれたのか。「～ようでありました。」から何が読めるのか。「そして、じいさんを正面からにらみつけました。」とあるが、なぜここだけ「じいさん」なのか。

これらを、ハヤブサの様子と対比させながら、「1」「2」での残雪の見方「りこうなやつ」「たいしたちえをもっている」などを振り返りながら読むことで、好敵手でいまいましい獲物だった残雪をどう認識するようになったかが鮮明に見えてくるにちがいない。

3　授業へのコメント――その2
――教材研究の弱さが授業の限界を作りだした

阿部　昇（秋田大学）

今回のインフルエンザ流行の関係で、立命館小学校が数日間休校になった。その影響で、永橋和行先生は予定していた授業ができなかった。そのため、予定を変更し、教育実習生が行った授業の続きとなる授業を今回取り上げざるをえなかった。そのことを、はじめに『国語授業の改革』の編集責任者としてお断りしておく。

1　授業の三つの弱点

永橋先生は、「大造じいさんとがん」の作品構造上のクライマックスを子どもたちに把握させる。「大造じいさんは、強く心をうたれて、ただの鳥にたいしているような気がしませんでした。」である。その上で、クライマックスにかかわり是非着目すべき文を子どもたちに抽出させていく。「線引き」である。そして、その文の形象を読み解かせながら、作品のテーマへと迫っていく。

クライマックスの箇所は適切である。指導の筋道も評価できる。にもかかわらず、この授業には、大きく三つの弱点がある。

先ず第一に、取り上げる箇所の問題である。

永橋先生は、クライマックスにかかわって「残雪に対する大造じいさんの気持ち」が特に読めるところに「目をつけて線引き」をさせていく。その結果、「大造じいさんはかけつけました。」「大造じいさんが手をのばしても、残雪は、もうじたばたさわぎませんでした。」「大造じいさんは、強く心を打たれて、ただの鳥に対しているような気がしませんでした。」の三つの文を子どもたち

と「線引き」した。（授業記録一一七頁上段）

二つ目と三つ目は、まだよい。しかし、なぜここであえて「大造じいさんはかけつけました。」に線を引く必要があるのか。たとえば少し後の「それは、鳥とはいえ、いかにも頭領らしい、堂々たる態度のようでありました。」は、是非着目すべき一文である。そこに線を引かないでおいて、「大造じいさんはかけつけました。」に線を引く指導は理解しがたい。長年追い続けていた残雪が落ちていったのだから、「かけつけ」るのは当然であり、あえて線を引くほどの意味はない。事実、子どもたちは「残雪が心配。」「残雪が、けがしていないか。」「残雪を捕まえにいった。」「残雪は仲間を助けているのに、ひきょうなことはできない。」（以上、教師㉘〜㊱の前後）しか出てこない。この時点では、まだ「心配」でかけつけたのか、「捕まえにいった」のかなどは、特定はできない。

第二は、線を引いた部分の形象の読みとりの不十分さである。

「大造じいさんが手をのばしても」については、「手当てしてあげるとか、助けてあげるとか」（教師㊳の後）、「心を打たれた」（教師㊶の前後）などという読みが出てきている。ここは、確かに「大造じいさんが捕まえようとしても」でもいいはずなのに、「手をのばしても」となっている。そうである以上、これらのことは一つの可能性として読める。

しかし、ここではそれ以上に「もうじたばたさわぎませんでした」をこそ、丁寧に読む必要がある。実際にはただ動けなかっただけかもしれない可能性もあるのに、語り手そして大造は残雪が「じたばたさわ」がなかったと解釈している。そのことが重要である。また、肝心のクライマックスの一文「大造じいさんは、強く心をうたれて、ただの鳥に対しているような気がしませんでした。」の形象は、ほとんど読んでいない。にもかかわらず、なぜか線を引いていない一文に含まれている「最期」に着目させている。これは、語句の意味の確認程度の読みである。

だから、最後のテーマの読みが表層に止まる。それが第三の弱点である。「仲間を救う姿に心を打たれた。」（教師㊺の後）、「堂々としている姿に心を打たれた。」（教師㊻の後）、「仲間を救おうとする姿を見て感動した。」（教師㊼の後）などは、いずれも授業でわざわざ扱わなくとも読める表層の読みである。

また、このクライマックスを読む際には、もっと作品の前半、中盤の大造の残雪に対する見方にダイナミックにもどる必要がある。それまでのプロットの流れを振り返りつつ、テーマを把握するという指導ができていない。

2　三つの弱点は教材研究の甘さが導き出した

これら三つの弱点は、教材研究の甘さに起因する。

この作品は、三人称の語り手が語る形をとっている。しかし、同時にこの語り手は常に大造の内面に入り込み、大造の内面とかなりの程度重なっている。（三人称限定視点である。）それがこの作品の特徴の一つである。

ということは、ここでの残雪に関する描写のほとんどすべてが、大造の目を通したものであるということになる。要するに、大造にはそう見えたということである。だから、「そして、じいさんを正面からにらみつけました。」も「それは、鳥とはいえ、いかにも頭領らしい、堂々たる態度のようでありました。」も、大造にはそう見えたということである。もちろん、授業で問題になった「大造じいさんが手をのばしても、残雪は、じたばたさわぎませんでした。」も、同じである。しかし、子どもはそのことがわかっていないから、「これは残雪の様子だから、違うと思います。」（教師㉒の後）と発言している。その少し後の「それは、最期の時を感じて、せめて頭領としてのいげんをきずつけまいと努力しているようでもありました。」も、もちろん大造にはそう見えたということである。しかし、ここは授業では取り上げられることさえなかった。

この基本的な教材研究とそれにかかわる指導がされていないために、大造の気持ちはクライマックスの「ただの鳥に対しているような気がしませんでした。」のように直接大造の気持ちとして書かれている部分からしか読めないという前提で線引きが進行してしまうのである。

3　大造の見方のドラマとして教材を読み直す

右のことがわかると、クライマックスに向かう5〜6文からは、すべて大造の見方が濃厚に読めることになる。（「気持ち」と「見方」の差異は、ここでは保留にしておく。）

まず「じいさんを正面からにらみつけました。」も、何をもって「にらみつけた」と言えるのか。鳥に表情があるはずはない。ここでは、残雪が大造の方を向いてじっと動かなかったということだけが、おそらくは実際の出来事であろう。それを大造は「にらみつけた」と解釈したのである。まして「頭領らしい、堂々たる態度」は、完全に大造の思い込み・思い入れである。じっと自分を見ている残雪を大造がそう意味づけただけのことである。「じたばたさわぎませんでした。」にしても、もうさわぐだけの余力がなかっただけという可能性も十分ある。本来であればさわぐはずなのに、さわがなかったという可能性も、もちろん否定はできない。しかし、実際にどうであるかは不明である。ここで重要なのは、大造が「じたばた」しなかったと意味づけたことである。「最期のときを感じて」の一文には「ようでもありました。」とあるから、これは語り手の解釈であり、同時に大造の解釈であることがわかる。そういった大造の思い込み・思い入れの積み重ねが、クライマックスの一文「大造じいさんは、強く心をうたれて、ただの鳥に対しているような気がしませんでした。」に収斂する。大造は「強く心をうたれ」、「ただの鳥」でないと思ったのである。

ここでの出来事としては、落ちてきた残雪が首を上げて大造をじっと見続けていた。手をのばしても動かなかった、というだけのことである。

「にらみつけ」たと見た。「頭領らしい」「堂々たる態度」と思った。「じたばたさわ」いでいないと思った。「最期のときを感じて」いると思った。「頭領としてのいげんをきずつけまいと努力している」ように思った。そして「強く心を打たれ」、「ただの鳥に対しているような気がし」なかった。――ここでは、そう思い続けた大造の見方、人物像を読むことこそが重要である。

それが読めていると、この後の「4」の場面で、大造が「おおい、ガンの英雄よ。おまえみたいなえらぶつを、おれは、ひきょうなやり方でやっつけたかあないぞ。(中略) また堂々と戦おうじゃあないか。」と言って残雪を放す場面の意味が、より明快になってくる。

一つには、野生の鳥のごく自然な行為を、大造が手前勝手に浪花節的に思い入れ・思い込む、その滑稽さという読み方ができるかもしれない。もう一つには、野生の動物に対して、そのように熱く思い入れ・思い込む大造のひたむきさ一途さという読み方もできるかもしれない。いずれの読み方を選択するかは、吟味・批評の課題である。

4　授業者自身のコメント

――授業で大切にしたいこと

永橋和行（京都府・立命館小学校）

今回の授業に限らず、私はいつも次の三点をねらいに置きながら授業を進めている。

1　学び方を学ばせる

教師がすぐれた発問をすることは重要である。発問によって子どもの思考が深まるからである。しかしなるべく早くその発問待ちの授業から抜け出したいとも考えている。つまり教師の手を離れても自分の力で文章や作品を読んでいく力を子どもに身に付けさせたいと思うからだ。そのために「学び方を学ばせる」ことは重要であると思う。今回の授業では、読むべき箇所を教師が示し、そこから読みを深めるのではなく、子どもが自分で読むべき箇所を見つけ、そして見つけた箇所の読みを深めていくという授業を計画した。そのためには、子どもたちが読み取らなければいけないところはどこなのかということが分かっていなければいけない。この「大造じいさんとガン」では、クライマックスを見つける授業で、「この物語は、大造じいさんの残雪に対する心情が変化していく物語」と子どもと読み取っていたので、子どもたちに「では、どこに目を付けて読み取っていけばいいですか。」と聞くとすぐに「大造じいさんの残雪に対する気持ちの変化が読み取れるところ。」と答えることができた。だから子どもは自分の力でどんどん読むべき箇所を探していったのである。子どもたちに「学び方」を身に付けさせて、自問自答する授業をこれからも創っていきたいと考えている。

2　対話・討論のある授業

授業を深め、学習内容を確実に定着させるために、教師による発問や適切な指示・説明、資料提示、学習カードの工夫等は大切なことである。さらに子どもの理解を深めるためには対話、討論が重要であると考えている。それは教師による一方通行の説明や一問一答だけの授業では、子どもはうわべだけの理解にとどまることが多いからだ。子ども同士で対話、討論をすることによって、子どもは自分の考えを発表し、そして自分以外の友だちの考えを聞き、自分の考えと比べ、さらに自分の考えを深めるという思考過程が重要なのだ。今回の授業でも、「小グループによる話し合い」を計画した。私は次のようにグループでの話し合いの指導をしているが、まだまだ指導が必要だと感じている。

① グループのみんなで向き合い、顔を合わせる。
② まず、リーダーが自分の考えを発表するようにする。慣れてきたら、グループの人が発表する。
③ 次にみんな順番に自分の考えを発表する。
④ 考えの思いつかない人は、友達の考えを聞いて、自分の考えにしてもよい。
⑤ 同じ考え、違う考えについて話し合いをする。（1つにまとめなくてもよい）
⑥ 最後に、いくつの考えになったのかを確かめて、発表者を決めて、机をもとに戻す。

3　分析と総合

自分で読むべき箇所を見つけると、そこの形象をさらに詳しく読み取っていくことになる。しかし、それぞれの箇所の形象をせっかく丁寧に読み取ってもそこで終わりにしてしまうと、それぞれバラバラな読み取りで終わってしまう。そこで私は今回の授業のように、その授業の中で（場面で）読み取ったことを一つにまとめさせる。それを私は「読みを総合する」と呼んでいる。この部分が実践的にうまくいかず、もっといい方法があるのではないかと日々悩んでおり、自分の課題であると考えている。

1　言語活動で拓く国語学習
――言葉の学びの可視化プロジェクト

田近洵一（東京学芸大学名誉教授）

視点

平成二〇年版の第八期・学習指導要領改訂の方向を示した中教審の答申（平成二〇年一月一七日）は、各教科等を貫く重要な改善の視点の第一として、「言語活動の充実」を掲げた。それは、教科レベルでの学習内容の改訂ではなく、全教科における学習指導のあり方の改善を示唆するものだと言っていいだろう。すなわち、中教審の答申は、「言語活動」を前面に押し出すことによって、新しい時代における教育の改革を、学習のあり方の内側から図ろうとしているのである。特に、言語活動の成立（そのための言語力）を学習内容とする国語科にとって、「言語活動の充実」の文言は、学習内容そのものを見直すとともに、言葉の学びのあり方を見直す視点を提示したものとして受けとらなければならない。

1　言葉の学びと言語活動

(1)　言葉の学びとしての言語活動

> 言語活動の成立は、国語科だけの課題ではない。もちろん、国語科の中心課題ではあるが、しかし、すべての教科において、言語活動は、その学びを確実に成立させる上での鍵である。なぜなら、特に認知領域の学びは、認識・思考の過程を言語化することによって確かなものにすることができるからである。

言葉の学び（＝言語学習）は、話す・聞く、書く、読むの言葉の活動（＝言語活動）を通して成立する。

たとえば、書く力は、文章作法（書き方の手引き）の本を読むだけでは身につかない。実の場で生きて働く書く力は、書き手自身が、「このことを誰かに伝えたい」「このことを書こう」という、書くことに関する意欲をもって、自ら「書く」ことを行為する時、書き手自身のものになるのである。書くことの学びは、主体の書く行為の成立とともにある。

このことは、国語科の他領域の学習においても同じである。PISA調査が重要だとしても、調査問題の傾向に合わせて、「傾向と対策」の受験指導的な練習の繰り返しだけでは、現実の場で、自ら課題を明確にし、多角的に追究していく、生きて働く読みの力は育たない。与えられた問題に答える「解答人間」ではなく、「問題追究人間」を育てるには、学び手を読みの行為者にしなければならない。

実の場に生きた言語活動こそ、言語学習の基本なのである。学習内容の上でも、また学習活動・学習方法の上でも、言語活動を、教室における言葉の学びの基軸としなければならない。

(2) 言語活動の視点からの国語学習の設計

教室における国語学習は、教科書教材を中心に展開しているのが現状であろう。それを否定するものではないが、しかし、教科書が読めればいい（教材の内容が読み取れればいい）というのは、決して豊かな言語活動とは言えない。たとえば、穴埋め式ワークシートの空欄に教材文の言葉を入れて内容の理解を図るような作業では、未知を知ろうとする読みの意識を触発し、そこに充実した読みの活動を成立させることはできない。

今、学校教育に求められているのは、学び手が、自らの直面する課題と取り組み、情報を的確に取り出したり、調べたり、考えたり、話し合ったりして、問題を多角的にとらえ直しながら、課題を追究していく能力である。あるいは、現実の事物や自分の体験、さらには自らの認知・思考を言語化していく能力、またそれらに基づきながら、人間関係を形成し、他者とのコミュニケーションを拡充していく能力など、生産的・共生的・総合的な能力である。国語科は、それらの言語活動の能力を見据えながら、その育成を基軸として学習内容を設定することを考えなければならない。

では、言語活動を基軸として国語学習を設定するとは、どういうことか。それは、たとえば、生産的・総合的な言語活動の成立を学習内容とするとともに、それ自体を学習活動として設定するということである。もう少し具体的に言うなら、「情報を再生産する＝課題解決のために、複数の情報資料を比較しながら読み、必要な情報を取り出して、自分の視点から情報を再生産する」という言語活動の能力の育成を学習の目当てとするなら、その言語活動の成立の過程自体を学習活動とするのである。

2 言語活動で拓く言葉の学び

(1) 言語活動の視点からの国語学習の開発

> 言語活動を基軸とする国語学習のためには、どのような言語活動を設定するかの視点から、国語学習を設計しなければならない。児童・生徒の認識・思考・想像の能力や、表現力・人間関係形成力などの成長にとって価値ある言語活動を、実践的に体験させるという立場に立って、具体的な学習活動を構想するのである。

上記したように、国語科の場合、言語活動は言語力習得のための学習活動であると同時に、その成立自体が学習内容である。では、どのような観点から、どのような言語活動を、国語学習の基軸に据えたらよいだろうか。

今回の学習指導要領には、「生活に必要とされる記録、説明、報告、紹介、感想、討議などの言語活動」（「解説」）として、各「内容」の(2)に、具体的な活動例が示されているが、実践の場（教室）においては、その言語活動をさらに具体的な形で、すなわち、児童・生徒の意識・能力などの実態や、社会的・文化的な状況などに応じて、学び手にとってリアリティーの高いものとして設定していく必要がある。

そこで、次に、私案として、言語活動を設定する上で、今日的に特に重要な視点をあげておこう。

ア、課題追究活動としての言語活動
問題を発見し、多角的・総合的に追究する過程を言語活動として設定する。

イ、情報活用・生産活動としての言語活動
情報テキストの理解を基礎に、情報を再構成して発信する過程を言語活動として設定する。

ウ、思考活動としての言語活動
分析・総合、推論・論証、演繹・帰納などの思考形成の過程を言語活動として設定する。

エ、コミュニケーション活動としての言語活動

自己表現と相互理解とを中心としたコミュニケーションの過程を言語活動として設定する。
オ、体験の言語化（表現）としての言語活動
　事物・事象の記録や報告など、体験的事実の言語化の過程を言語活動として設定する。

　このような言語活動を柱として学習活動を組織するとなると、基本的にそれは、活動中心のプロジェクトメソッド的な単元学習になるであろう。その場合、活動は、例えば、ある課題をとらえて、実地や文献で調べたり、話し合いで考えを深めたりして追究し、報告や説明・論説にまとめて発信していくことになる。このように、言語活動を基軸とする学習を実現するためには、どのような単元を設定するかが課題になるのである。

(2) 教材を生かす言語活動

　国語学習は、基本的には、「学習として価値ある言語活動を、学習者に、どのように体験させるか」の視点から計画されるべきだとしても、しかし、国語科の場合、現実には、教科書が先にあって、教材を仲立ちとして学習を進めるのが一般になっている。それをやめて、すべて、価値ある言語活動の設定から始めるのは、現状では無理である。そこで、上記のような言語活動本位の学習が可能な場合は、そのような単元を組むとして、それが無理な場合は、教科書教材を生かした言語活動を、学習活動として設定することを考えなければならない。

　それは、具体的にはどうすることか。端的に言うなら、それは教材の側から言語活動を開発し、それを通して国語学習の成立を図るということである。つまり、その教材を起動教材としてどのような言語活動ができるかを明確にし、それを学習活動として設定するのである。

　では、説明文教材の場合、どのような言語活動（特に「書く」）の設定が考えられるだろうか。学習の展開過程に沿ってみると、次のような「書く」が考えられる。

A、読解学習の過程における「書く」
　読みを確かにするための学習活動としての「書く」

　　＝書き換え、解釈、説明、要約、紹介
B、読解学習のまとめとしての「書く」
　読解の完結後、さらに考えを深めるための「書く」
　・文章を読んで考えさせられたことを書く
　・筆者について考えたことを書く
　　＝批評、論評、評価、エッセイ

C、読解学習の発展としての「書く」

読解で触発された課題意識に基づき、新たに展開する「書く」

＝記録、報告（レポート）、説明、論説

3　言葉の学びの可視化

子どもの学びの成立を確かにするために、学習活動の可視化（「見える化」）をはかる必要がある。

内面の思考活動を言語活動に転化する。その言語活動を、さらに意識的・自覚的に進めるために、思考＝言語を、文字やその他の記号・図表などの視覚情報に置き換えて、活動の可視化（見える化）をはかる。そのことで、学びの成立を、言語活動として確かにするのである。

(1)　学びの可視化（見える化）プロジェクト

「可視化」とは、客観的に目で見えるようにする＝可視化（見える化）するということである。

もの・ことの理解・解釈（＝認知・思考）の活動は、内言活動として主体の内側で行われる。そのため、果たしてそこで、認知・思考が成立したか否かは、ブラックボックスの中のことである。それを、確かなものにするには、はっきりとした行動として、外から（客観的に）とらえられるようにする必要がある。それが認知・思考の可視化（＝見える化）である。

学習活動をブラックスボックスの中に閉じ込めないためには、認知・思考の活動を、はっきりとした言語活動として可視化する必要がある。言語活動として可視化することで、学びの成立は確実なものになるのである。

そこで、学びの成立のためには、どのような活動を言語活動として設定・組織したらよいか（すなわち、学びを可視化するにはどのような言語活動があるか）が問題になる。具体的には、どのような場合に、どのような言語活動が有効かを考えて、それを学習過程に位置づけるのである。

【事例】＝都内、S小学校の場合　ここでは、「言語力の向上」を研究主題とし、「算数」を中心に、どのような言語活動が算数学習を確かなものにすることができるかという課題と実践的に取り組んでいる。この場合など、全ての思考＝学びを可能な限り言語化することによって、その成立を可視化し、確かなものにしていく試みの一つだと考えられる。

(2) 活動の意識化と可視化

繰り返すが、すべての学習において、学びの成立を可視化する上で、もっとも有効なのは、認知・思考の活動を、言語活動として成立させることである。学習活動を、言語活動として「見える化」することで、学びの成立は確かなものになる。しかし、問題は、その言語活動自体が、果たして認知・思考の「見える化」になっているかということである。すなわち、場の条件や主体の心理に左右されやすい言語活動は、ややもすると、十分に意識化されず、頭の中だけのことになったり、自動化してしまったりしかねない。すなわち、第三者にとっても、また本人にとっても、必ずしも自覚的ではないし、また、メタ言語的に認知の対象として明確化するのも容易なことではないのである。

しかし、情報の発信は、どのような言語によって実践するかに関して意識的でなければならないし、受信も、情報の受容のあり方に関して自覚的でなければならない。情報の発信・受容を確かにするには、その活動自体を、自覚的に行わなければならない。そのためには、言語活動自体を認知の対象として可視化することが、きわめて重要である。

特に、言語学習においては、言語の使用や言語活動の実践に関して、学習者は、意識的、自覚的でなければならない。つまり、どのように表現し、どのように理解するかの言語活動のあり方は、意識的・自覚的になされなければならない。そのために有効なのが、「書く」ことによる言語活動の可視化である。表現も理解も、文字によって「見える化」されることにより、学習者にとって、自覚的で客観的なものになっていくのである。

(3) 言語活動の可視化

言語活動の可視化とは、それを、文字やその他の記号、図や表などによって書き表し、視覚的な情報に置き換える（可視化する）ことである。言語活動は、可視化（＝「見える化」）することで、主体にとっては自覚的なものになり、またそれを受ける第三者にとっては客観的なものになる。

特に、「書く」活動は、ブラックボックスの中の思考を、言語として明確にし、客観的な認知の対象とする上で、きわめて有効である。すなわち、「書く」は、主体の頭の中で行われている言語操作を、文字言語として視覚的に見える形にする（可視化する）ことで、その成立を、自覚的、客観的なものにするのである。

日常生活においては、文章を読んでも、読みのあり方自体は問題にならない。しかし、読みの学習においては、その文章をどう読むか（またどう読んだか）、さらには、どう読むことで言語力が身につくかが問題なのである。言語活動の可視化は、そのような言葉の学びのあり方を明確にするものである。

では、言語活動を可視化するには、どのような活動を設定したらよいだろうか。教材「サクラソウとトラマルハナバチ」（光村、第五学年）を例として考えてみよう。「読む」活動の成立を視覚的にも見えるようにするには、どのような「書く」活動の設定が考えられるだろうか。次の活動は、その一例である。

読みを成立させる「書く」活動
教材「サクラソウとトラマルハナバチ」の場合

〈リライト系の活動〉書き換え、再構成
ア、サクラソウの受粉のために、トラマルハナバチがしていることを、（レポーターになって）**報告する（報告文）**。
イ、トラマルハナバチのしている事実とその役割を（紙芝居にして）**説明する（説明文）**。
ウ、筆者は、サクラソウの姿が少なくなった原因についてどう考えているのかを、**要約する（要約文）**。

〈コメント系の活動〉解説、説明
ア、サクラソウの受粉の仕組みについて、（解説者になって）**解説する（解説文）**。
イ、サクラソウのたねができなくなったわけを（研究者になって）**説明する（説明文）**。
ウ、サクラソウとトラマルハナバチとの関係について、（研究者になって）**説明する（説明文）**。

〈対話・インタビュー系の活動〉台本
ア、サクラソウとトラマルハナバチとの関係について、（対話やインタビュー活動を想定して）**対話台本やインタビュー台本を書く**。

〈解釈系の活動〉読者としての説明
ア、「結果として受粉の仲立ちをしている」というのは、どういうことかを、（読者として）**説明する（説明文）**。

〈批評・評価系の活動〉感想・論評

ア、サクラソウとトラマルハナバチとの共生関係に関する筆者の考えについて、感想を述べる（感想・論評）。

これらの活動は、読むという情報受容活動を、書く、話すという情報発信活動に転化することにより、情報の理解（受容）の可視化をはかろうとしたものである。この場合は、特に大事なことは、教材文の文章の展開や表現の特質など、言葉の仕組みをしっかりとふまえることだということを忘れてはならない。

(4) 学習方法の可視化と学びのツール

本稿では、すべての学びを言語活動として設定するとともに、その言語活動を視覚的に確認できるように可視化することの重要性について指摘した。その上で、さらに、検討すべきは、学習指導の実際面における活動の可視化である。すなわち、ひとり学びや学び合いを有効に成立させるための具体的な学習方法を可視化するにはどうするかということである。

話し合い・学び合いの学習を例に考えてみよう。それぞれが調べたことや考えたことを、相互に伝え合う交流学習の場合である。相手の話をしっかりと聞き、さらに相手に返し、話し合うといった一連の活動を意識的に進めて行くには、たとえば次のような可視的な活動が考えられる。

ア、聞き取りを確かにする…………聞きながらメモ
　　　　　　　　　　　　　　　　　ふり返りメモ
イ、聞いて疑問を持つ。質問する…質問カード
ウ、聞いて自分の考えをまとめる…感想シート
エ、感想を相手に伝える…………メッセージカード
オ、新しい情報を提供したり、アドバイスしたりする
　　　　　　　　　　　　　……アドバイスカード

その他、読解のためには、情報分類シートや分析シート、解釈シートなどが考えられるだろう。作文学習のためには、取材カード、発見カード、構想カード、マップシートなど、多くの方法の可視化が、すでに開発され、一般化されている。

これら学びの可視化は、学びのツールの開発でもある。それは学習活動としての言語活動を確実に成立させるためのツールの開発である。言語活動の開発とともに、今後、積極的に進めていくべき実践レベルの課題である。

2　国際化とナショナリズムとの狭間で

府川源一郎（横浜国立大学）

1　各教科にわたる言語活動の充実

二〇〇八年一月に中教審から「幼稚園、小学校、中学校、高等学校及び特別支援学校の学習指導要領等の改善について（答申）」が出された。周知のようにこの「答申」は「学力低下」論議から端を発して実施された「全国学力・学習状況調査」の結果を背景にしており、「思考力・判断力・表現力等の育成」という観点から「言語活動の充実」がうたわれている。「答申」では、学習指導要領でも、各教科の内容として「記録、要約、説明、論述といった学習活動に取り組む必要があることを明示すべき」だとした。いうまでもなくPISAを意識した発言だろう。

それを受けて、『小（中）学習指導要領』の「総則」の第四の二には、以下のように記載された。すなわち「各教科等の指導に当たっては、児童（生徒）の思考力、判断力、表現力等をはぐくむ観点から、基礎的・基本的な知識及び技能の活用を図る学習活動を重視するとともに、言語に対する関心や理解を深め、言語に関する能力の育成を図る上で必要な言語環境を整え、児童（生徒）の言語活動を充実すること。」という文言である。これは、従来国語科の授業で行われてきた言語活動を、各教科にも拡張しようという立場である。

稿者は、このことで、大きな混乱が起こるのではないかという不安を持つ。それは、各教科の学習が、言語活動を展開することにとらわれて、それぞれの教科でなければ獲得できない力を着実につけることに支障をきたすのではないか、という危惧である。実際、国語科では「伝え合う力」を標榜した現行学習指導要領のもと、多様な言語活動を学習の中に取り入れることに汲々としてきた。その結果、子どもたちの学習をめぐって、言語活動だけは盛んだが言語能力がついたのか、という論議が行われたのは記憶に新しい。

同じことが今度は、国語以外の教科にも蔓延する危険性がある。おそらく、各教科では「記録、要約、説明、論述」や発表・話し合い活動などの言語活動がこれまで以上に取り入れられるだろう。もちろん、それ自体はきわめて重要な提言である。一方的な講義方式や、知識伝達型の授業を脱却しようという趣旨は理解できる。また、児童・生徒が活動の主体になった授業を推進しようという姿勢も伝わってくる。だが、それぞれの教科の先生方はこれまで努力して、各教科の特性に合わせた様々な学習の手法を開発してきている。「言語活動の充実」を前面に出したのは、こそくなPISA対策という気がする。それぞれの教科では、社会認識、科学的思考、身体感覚などの教科本来のめあての深化拡充こそが最大の目的なのであって、言語活動重視という方針に振り回されてはならない。

またそのことは翻って、国語科においては、何をもっとも重視するのかという国語教育の本質論を問うことにもつながっていく。国語科で行ってきた言語活動を各教科へと広げることが可能だとするなら、そもそも国語科の学習でなければ身につけられない力とは何なのだろうかが、逆に問われることになるのである。おそらくそれは、自分の感情や認識を言語化し、それを他者と交流することで、ことばによって確かな主体を確立することだろう。しかしこうした言い方では、他教科で育成すべき力ともかなりの程度、重なりが出てきてしまう。

国語科でしか身につけられないのは、メタ言語認識力であり、それを運用する力だ。つまりは「ことばの仕組み」に気づき、それを自覚的に活用する力である。こうしたことに直接関係する内容は、これまでの学習指導要領では「言語事項」としてくくられてはきたが、狭義の文法事項的な内容にとどまっていた。それが今回は「国語の特質に関する事項」という名称になり、期待を抱かせたりもした。しかし、メタ言語認識に関する内容は、従来とほとんど変わっていない。とすればますます、国語科独自の役割が他教科へと拡散してしまったのが、今回の国語の学習指導要領の姿だといえるのではないか。

2 「伝統や文化に対する教育」

もっとも国語科の特色は、古典にあるというのが、新学習指導要領の立場だろう。中教審の答申では「国語は、長い歴史の中で形成されてきた我が国文化の基盤を成すものであり、また、文化そのものである」という国語観が示されていた。「改正」教育基本法が国家主義をより鮮明にしていることを考え合わせると、こうした国語観はかなりの危うさを含んでいる。それを引き取った学習指導要領案では、古典の重視という方向を、具体的に次のように示した。すなわち、小学校では、一・二年で「昔話や伝説などの本や文章の読み聞かせ」(この項目が「案」から変更されたことは後述する)、三・四年で「文語調の短歌や俳句」の音読や暗唱、また「ことわざや慣用句、故事成語」の使用、五・六年で「親しみやすい古文や漢文、近代以降の文語調の文章」の音読を、また中学校では、一年で「文語のきまりや訓読の仕方を知り、古文や漢文を音読」、二年で「作品の特徴を生かして朗読」、三年で「古典の一節を引用するなどして、古典に関する簡単な文章を書く」などの指導事項を新しく登場させたのだ。こうした古典重視の記述によって、これまでの国語科の学習指導に比べて、格段に古典に関する学習活動が増えるだろう。それも、音読や暗唱という言語活動を通して、古典を身体にしみこませるように教える方法まで規定されている。

稿者は、古典の重視自体に反対をするつもりはない。それを意味や内容理解抜きに暗唱させるというような学習活動に疑義を呈しているのだ。音読や暗唱は身体感覚を研ぎ澄まし共同意識を誘発する。音としての言葉は、身体の中にリズムと同時に、集団への所属意識を作り出す。それは主体の形成にとって、必ずしもプラスの方向にばかりは機能しない場合もある。身体感覚と音声言語が抱える問題の意味については、十分に議論されなければならない。これも「日本語ブーム」で話題になった「音読」や「暗唱」の流行に安易に追随したただけのように見える。

さらにそれが具体的に問題になるのは、おそらく今後新学習指導要領に基づいて作られる「教科書」のレベルであろう。というのは、そこにどのような古典教材がラインアップされるのかがポイントになるからだ。たとえば、戦前の古典教材の花形は「太平記」であり、江戸期の国学者たちの随筆であった。そうした教材は、現在の国語教科書にはほとんど姿を見かけない。いうまでもなく戦前は尚武や尊皇の精神が声高に叫ばれ、それが教科書などを通して喧伝された。その結果、楠木正成や児島高徳を扱った教材が頻出し、彼らの名は子どもたちの脳裏に焼き付けられた。反対に、今日、古典というと誰しも連想する「源氏物語」は、学校教材としての価値はきわめて低かった。実際、小学校用の教科書（「サクラ読本」）にその一部が教材化されたときには反対論も起こったほどだ。何を古典として認定するのかは、その時代の人々の認識を反映する。つまり、古典教材の選定は、きわめて今日的な問題なのである。

この学習指導要領のもとでは、どのような古典作品が、教科書教材として選ばれるのだろうか。あるいは、選ばれることが期待されているのだろうか。具体的にいえば、日本の古典の教材として「ユーカラ」は入るのか、あるいは「おもろそうし」や琉歌、あるいは戯作や地方の文人たちの文章などが、教材化される余地はあるのか。あるいは、ローマ字で書かれた「イソホのハブラス」はどうか。

多様な古典の姿に触れることで、学習者は、多文化・多言語の具体的な姿を実感できる。古典を規範としてとらえ、民族の凝集力として使うという考え方に立ってはならない。それを、先人たちの残した多様な言語文化財としてとらえる必要がある。古典を、異文化理解のきっかけとして機能させることは、ことばと文化の問題を考える上できわめて重要な点なのだ。伝統とは絶えず更新されつつあるものであり、古典も絶えず外部からの力によって変動し続けている。学習指導要領は、そうした豊かでダイナミックな伝統意識・文化意識を志向し、それを保障することを目指しているのだろうか。あるいは、「教科書」のレベルでそうした教材化の方向を望んでいるのだろうか。

3　主体形成を保障するシステムを

国語科の学習時間は、若干増えた。しかし、古典を始めとして学習内容そのものも増加している印象だ。また、学習活動例には学習方法が具体的に示されて、教師の学習指導への縛りがきつくなっている。もともと今回の学習指導要領は、「改正」教育基本法のもと、それ自体が「法令」であることを前面に押し出している。つまり、きわめて規制色が強いのである。さらに、文部科学省は、望ましい教科書としての「モデル教科書」についての論議を主導し、民間の教科書会社を指導しようとしていた。多様な文化の尊重をうたいながら、それぞれの地域で作製する教育課程や、民間会社の作製する教科書がますます画一化しかねない状況なのだ。

思い起こせば、現行の学習指導要領が学習内容三割削減をうたったときに、国語科で教材削減対象の根拠になったのは、当時の教育課程審議会から出た「文学教材の詳細な読解」の否定という文言だった。また、実際その影響下で作られた教科書は、各社とも文学教材を大幅に減らしたことは記憶に新しい。ところが、現行の学習指導要領が前面実施の段階になると、今度は「学力低下」の声に押されて、学習内容を増やすという方向にかじが切られ、「発展」教材や「補充」教材という名目の教材群が教科書に並べられた。めまぐるしく変わる文部行政に振り回されたのが、教科書業界であり、また現場の教師たちだった。さらには、絶対評価の評価基準の設定にともなう混乱とその弊害は、現在でも教育現場を苦しめている。そうしたことへの反省と対応策は、十分とはいえない。

それにもかかわらず、規制緩和をうたいながら、また地方自治を推進するといいながら、各地域の教育実践から立ち上がった教育改革を積極的に推進する方向にではなく、中央官庁による統制的な国家教育をこれからも続けていこうとしているのである。文科省は、各地の教師たちの自主的な取り組みを支援するような仕組みをこそ作るべきであって、学習指導要領の改訂とその内容を中央が伝達講習して各地域に下ろしていくというシステム自体を抜本的に変更すべきだろう。そうでないと、新学習指導要領下の教育体制は、より競争的に、またより詰め込み的なものにならざるを得ないのではないか。

一方、現実の児童・生徒たちは、どういう状況にあるのか。彼らは、文化の大きな変動の中で、自分自身の感情や体験とことばとをどのように結びつけ、それを表現したらいいのかに戸惑い、揺れ動いている。そうした子どもたちを社会に参加させ、自立を促すようなことばの教育が求められている。PISAの示す学力も、社会的な主体としての言語使用者の育成を目指していたはずだ。達成感を伴う言語表現を通してこそ、学習者の自尊感情は醸成されるのである。

また、子どもたちが今直面している問題を、どのようにことばがすくい取り、どのように可視化してくれているのか、そうした言語作品の教材化も重要な課題である。最新のファッションや流行するケータイ文学の中にそうした可能性があるかもしれない。あるいは、日本が世界に誇るマンガ文化の中に、現代の子どもたちの自己確立を助ける素材がふんだんに用意されているかもしれない。

このような現代の文化を子どもたち自身の教材として取り入れることのできるような教育課程をどのように作り上げていったらいいのか、それを支援することのできるような施設や設備を用意することが重要だ。新しく始まる教員免許更新に関わる研修制度なども、そうしたことが可能になるシステムとして活用されなければならないだろう。

なによりも学習指導要領は、現在を生きる子どもたちを勇気づけ、励ますような視点を持つ必要があるし、一人ひとりの教師たちの授業に対する自主性と創造性とを促すようなものであってほしい。今回の「学習指導要領」には、こうした観点がきわめて希薄であり、とりわけ学習者としての児童・生徒の側からの発想が決定的に欠落しているといわざるをえない。

4　「神話」が教材として指定されたこと

ところで、学習指導要領案は、二〇〇八年二月一五日に公開され、文科省は約一ヶ月の間、それに対するパブリックコメントを求めた。数多くのコメントが寄せられたと聞く。文科省はそうした声を受けて、三月二八日に学習指導要領を告示した。

その結果をみると、改訂学習指導要領は、教育再生会議などが主張した方向に押し戻されてしまった。たとえば、道徳を教科とするところまでは後退しなかったものの、「総則」に愛国心が強調された文言が加えられることになった。さらに、国語科では、小学校一・二年生の「伝統的な言語文化に関する事項」が「昔話や神話・伝承などの本や文章の読み聞かせ」へと変更された。学習指導要領案では「昔話や伝説」となっていた部分である。これはきわめて重大な変更だといっていい。

いうまでもなく「神話」は、民族のアイデンティティーを形成する物語であり、それを伝承していくことは共同体に精神的に所属することと同義である。もちろんだからこそ、私たちは「神話」を知っておくべきだ。だが、そこで形成された意識を偏狭なところに閉じ込めてはならない。

周知のように「古事記」や「日本書紀」は、近代日本国家創成の過程で様々に書き換えられ、さらに皇国史観の中で歪曲されて、きわめて貧しい教材として教えられてきた経緯がある。したがって、教材として何を「神話」として選択するのかを熟考し、神話の多様性をどのように知らせるのかという「神話」を相対化するような機会を用意することは、教材化にあたっては不可欠の準備になる。

たとえば斎藤英喜の『よみかえられた日本神話』(講談社現代新書、二〇〇六年)は、「中世日本紀」や「中世神道」の世界を導入することで、「日本神話」が決して単一のものではないことを教えてくれる。斎藤の作業は、現代「神話」である宮崎駿の作品の読解にまで及んでいる。

とすれば、小学校や中学校でも様々な「神話」を教える機会と場が必要だろう。また、日本のものだけではなく海外の「神話」も視野に入れる必要がある。「神話」をめぐる国語教育のこれからの実践的課題は、現在とつながる側面を掘り起こしながら、新しい「神話」の姿の発見が可能になるように、多様な実践を組織していくところにあるだろう。

3 知識・技能の「習得」と「活用」を促すために

鶴田清司（都留文科大学）

1 「習得」と「活用」の二分法・段階論の問題

新学習指導要領の「総則」を見ると、「基礎的・基本的な知識及び技能を確実に習得させ、これらを活用して課題を解決するために必要な思考力、判断力、表現力その他の能力をはぐくむ」ことが謳われている。つまり、基礎的・基本的な知識や技能を「活用」するために、「思考力、判断力、表現力」等を育てることが指摘されているのである。

須貝千里氏は、先にあげた部分の「両義性」を指摘して、読点をどこに入れるかによって意味が変わってくると述べている。一つ目は、「基礎的・基本的な知識及び技能を確実に習得させ、これらを活用して（、）課題を解決するために必要な思考力・判断力・表現力その他の能力をはぐくむ」と読点（太字）を入れると、知識・技能の「習得」と「活用」が前提で、その上で「思考力・判断力・表現力」が課題を解決するために求められているように読みとることができる。二つ目は、「基礎的・基本的な知識及び技能を確実に習得させ、これらを活用して課題を解決するために（、）必要な思考力・判断力・表現力その他の能力をはぐくむ」と読点（太字）を入れると、「思考力・判断力・表現力」が知識・技能の「習得」と「活用」それ自体のことであるというように読みとることができると述べている。（科学的『読み』の授業研究会編『PISA型「読解力」を超える国語授業の新展開』二〇〇八年、学文社、一六二頁）

私の理解は、須貝氏の言う二つの意味とはまた微妙にずれている。知識・技能の「習得」が前提にあり、それを「活用」するためには「思考力、判断力、表現力」等が必要になるということである。

実際、中央教育審議会答申（二〇〇八年一月）では、学校教育法第30条第2項等の条文「生涯にわたり学習する基盤が培われるよう、基礎的な知識及び技能を習得させるとともに、これらを活用して課題を解決するために必要な思考力、判断力、表現力その他の能力をはぐくみ、主体的に学習に取り組む態度を養うことに、特に意を用いなければならない」を受けて、「学力の重要な要素」として、①基礎的・基本的な知識・技能の習得、②知識・技能を活用して課題を解説するために必要な思考力・判断力・表現力等、③学習意欲、の三つをあげている。これは先の学習指導要領の「総則」の記述とぴったり重なっている。

このように理解すると、最近の流行語である「活用力」とは、「思考力・判断力・表現力等」ということになる。だから、それを育成するために、各学年・各教科において「記録、要約、説明、論述といった言語活動」（二六頁）が重視されるのである。

確かに「総則」には曖昧な部分があるが、いずれにしても、「知識及び技能を確実に習得させ、これらを活用して……」という記述によって、「習得」と「活用」の二分法的・段階論的な言説がジャーナリズムや学校現場で流布するようになった。手近にある教育雑誌を見ても、「習得型学力」と「活用型学力」、「習得型授業」と「活用型授業」、「習得から活用へ」、「活用力を育てる授業づくり」といった言葉やスローガンが氾濫している。

しかし、こうした二分法的・段階論的な考え方は危うさを持っている。

例えば、「習得型学力」と「活用型学力」という二分法について考えてみよう。これは全国学力調査（文部科学省）のA問題とB問題に対応しているのだろう。つまり、A問題に答えられるような学力が「習得型学力」であり、B問題に答えられるような学力が「活用型学力」というわけである。しかし、そもそも「活用」されないような学力というものが存在するのだろうか。しばしば「学校知」と言われるように、実際に生きて働かない知識・技能は意味がない。上記の区分は、あくまでもペーパーテストのための便宜的なものであり、学力とは本来、複合的かつ多面的なものである。

例えば、全国学力調査の国語B問題に影響を与えているPISAの「読解力」にしても、「活用型学力」だけでなく、「習得型学力」の要素も含まれている。

村山航氏は、次のように述べている。

それは、複合的な能力をそのまままとらえようとしているため、その点数が低かったときに、どこに原因があるのかが確実にはわからないことである。（中略）したがって、PISAの得点が低下した原因として、可能性として挙げられることは多いが、確実に言えることは非常に少なくなる。（東京大学大学院教育学研究科基礎学力研究開発センター編『日本の教育と基礎学力』二〇〇六年、明石書店、八六頁）

実際、「活用型学力」にしても「習得型学力」がその基礎となっている。資料を読んで自分の意見を論述するとしても、まずは文字（漢字）が読めて、語句の意味が分かって、筆者の考えが正しく理解できなくてはならない。逆に、「習得型学力」をめざす授業であっても、「活用型学力」とされる「思考力・判断力・表現力」を求めないような授業はあり得ない。単なる知識の詰め込みや技術の反復練習では本当に自分のものとして身につかないからである。

こう考えると、「習得型学力」と「活用型学力」の関係は非常に微妙であることが分かる。

また、「習得型授業」と「活用型授業」という二分法はどうだろうか。おそらく、基礎的な知識・技術を習得させるのにふさわしい教材を使って行われる要素的な学習が「習得型授業」であり、そこで学んだ知識・技術を実生活に生かすために行われる総合的な学習が「活用型授業」ないし「探究型授業」ということになるだろう。

ここには、「習得」から「活用」へ、あるいは「基礎」から「応用・発展」へという考え方がある。言い換えると、国語科のカリキュラムを系統化するという考え方である。これは、教師の側の「計画としてのカリキュラム」という観点から見ると、当然の考え方である。しかし、学習者の側に立って、「学びの履歴としてのカリキュラム」という観点から見ると、知識や技術は必ずしも「習得」してから「活用」できるようになるという性質のものではない。脱文脈化された一般的な知識を学んだからといって、実際の場面で使えるようになるとは限らない。

子どもにしてみれば、いま学んでいることが将来どのように役立つか見えにくいからである。

また、子どもにとっては、知識・技術を実際的・探究的な活動の場面で「活用」することによって、それをより確かなものとして「習得」できるという面もある。

市川伸一氏は、つとに「習得サイクル」と「探究サイクル」の学習の「バランス」、「基礎から積み上げる学び」と「基礎に降りていく学び」の「バランス」が大切だと述べている（『学ぶ意欲とスキルを育てる』二〇〇四年、小学館）。「習得型授業」と「活用型授業」の関係にも同じことが言えるだろう。

こう見てくると、「習得→活用」という形式的な二分法・段階論を超えた学習論・授業論が必要になる。この点は先の中教審答申でも言及されていた。

これらの学習活動（習得・活用・探究をさす―鶴田注）は相互に関連し合っており、截然と分類されるものではない。各教科での習得や活用と総合的な学習の時間を中心とした探究は、決して一つの方向で進むだけではなく、例えば知識・技能の活用や探究がその習得を促進するなど、相互に関連し合って力を伸ばしていくものである。

「習得・活用・探究」を論じるときには、こうした点に留意すべきである。

次に、新学習指導要領の各論に入って、「指導事項と言語活動の整合性」「各指導領域間の関連性」「学年間の指導事項の系統性」という観点から検討していくことにしたい。

2　指導事項と言語活動の整合性

新学習指導要領では、基礎的・基本的な知識・技能の「習得」と「活用」を図るために、指導事項が明確化され、言語活動が具体的に例示された。

そこで、指導事項と言語活動例の関連が適切であるかどうかについて検討してみよう。

以下では、小学校５・６年の「読むこと」（文学）に関わる指導事項と言語活動例を取り上げる。

○指導事項

エ　登場人物の相互関係や心情、場面についての描写をとらえ、優れた叙述について自分の考えをまとめること。

○言語活動例
ア　伝記を読み、自分の生き方について考えること。
エ　本を読んで推薦の文章を書くこと。
このなかで、言語活動例エの「本を読んで推薦の文章を書くこと」については、指導事項エとの整合性がある。本を推薦する文章を書くためには、「優れた叙述」も根拠にすることが重要だからである。物語であれば、その仕組み（構成・表現・視点・文体など）に触れた批評形式で書く方が読者に対する説得力が高まる。推薦文には単なる感想文よりも高度な活動が求められるのである。

これに対して、言語活動例アの「伝記を読み、自分の生き方について考えること」は、指導事項エとは直接関係がない。「伝記」が特記されたのは、新学習指導要領における道徳教育重視の影響によるものだろう。しかし、そもそも文学の授業は道徳的なレベルの問題と切り離すことができない。登場人物を通して人間の生き方に触れることになるからである。したがって、「伝記」だけを取り上げる必然性はない。ファンタジーでも戦争児童文学でも基本的に変わらないのである。

筆者はつとに〈教科内容〉と〈教育内容〉の区別を提唱しているが、国語科としての〈教科内容〉＝文学の読み方に関する知識・技能と道徳教育的な〈教育内容〉とは明確に分けた上で、〈教科内容〉を中核にして授業を組み立てていかねばならない。ノンフィクションである伝記を教材化する以上は、フィクションとしての物語との違い、特に読み方レベルでの違いを意識化させるような指導が望まれる。例えば、単に人物の描写だけでなく、人物に関する語り手（作者）の評価を意識した読み方が必要になってくるだろう。

3　各指導領域間の関連性

新学習指導要領では、「書くこと」と「読むこと」の関連指導も重視されている。次に、その関連づけが適切かという観点から検討してみることにしたい。

まず、小学校3・4年の「書くこと」の指導事項と言語活動例（文学）を取り上げる。

○指導事項
ア　課題設定や取材に関する指導事項
イ　構成に関する指導事項
ウ・エ　記述に関する指導事項

オ　推敲に関する指導事項
カ　交流に関する指導事項
○言語活動例
ア　身近なこと、想像したことなどを基に、詩をつくったり、物語を書いたりすること。

『小学校学習指導要領解説・国語編』（以下『解説』と略記する）では、次のような物語の「基本的な特徴」をふまえて創作することを求めている。

　物語は、主人公やその他の登場人物がそれぞれの役割をもっていること、フィクション（虚構）の世界が物語られていること、冒頭部に状況や登場人物が設定され、事件とその解決が繰り返され発端から結末へと至る事件展開によって構成されていることなどの特徴をもっている。また、詩も物語も、語り手が、一人称や三人称などの視点から語っていく形式となっている。（六〇頁）

こうした物語の仕組みをふまえて創作することは大切である。それなしでは、一部の本好きな子どもを除くと、物語の創作は容易でない。どのように書いたらよいか分からないからである。（ただし、物語の仕組みに関して言えば、上記のものではまだ十分とは言えないが。）

また、次のように、「読むこと」との関連づけを図るという点も重要である。

　「C読むこと」(2)の「ア物語や詩を読み、感想を述べ合うこと。」との関連を図り、詩や物語の基本的な特徴を理解し、書くことを楽しむようにすることが大切である。（同頁）

しかし、肝心の「読むこと」（文学）の指導事項は次のようになっている。

ウ　物語の移り変わりに注意しながら、登場人物の性格や気持ちの変化、情景などについて、叙述を基に想像して読むこと。

これでは、物語の「基本的な特徴」を押さえながら読むということになりにくい。相変わらず「場面の移り変わり」「人物の性格や気持ちの変化」という「内容」にとどまっている。「ようす」や「気持ち」を読みとるという従来の読解主義的な学習に終わるだろう。

『解説』を見ても、物語の仕組みについてはほとんど触れられていない。「感想を述べ合う」という言語活動にとどまっている。これでは読み書き関連指導も不発に終わるだろう。物語の仕組みを軸に、読むこと（解釈）と書くこと（創作）の関連づけを図るべきである。

アメリカの国語教科書を見ると、次のような基本的な物語の仕組みに基づく創作過程・方法が示されている。

①目的（purpose）・読者（audience）・作調（tone）について考える。

②視点（point of view）を選ぶ。（一人称視点と三人称視点）

③人物（characters）と設定（setting）を考える。

・登場人物、季節、時間、場所などを決める。

④筋（plot）を発展させる。

・基本的な問題状況、事件、結果は何かを考える。

・人物がどんな葛藤や困難に直面するか

（内的葛藤と外的葛藤の二つのタイプ）

・事件後の人物はどうなったか、クライマックスは何かなどを考える。

⑤ストーリーマップを作る

（J.L.Kinneavy & J.E.Warriner, Elements of Writing: Third Course, 1998, Holt, Rinehart and Winston, pp.202-246）

これは中学校教科書であるが、物語の構成や表現の仕組みについて具体的に書き方を指示していて参考になる。この単元だけでなく、日頃から読解の授業でも「形式」や「技法」について学んでいるからこそ、創作でも応用が可能になるのである。

このように、国語表現の原理・方法（物語や説明文の仕組み）を軸にした読み書き関連指導が必要である。

4　学年間の指導事項の系統性

『解説』を観ると、「言語活動の充実」と並んで、「学習の系統性の重視」が指摘されている（七頁）。

新学習指導要領では、基礎的・基本的な知識および技能の「習得」と「活用」が重視されることにともない、教科内容としての言語知識・技術が旧版よりもだいぶ明確化された。しかしながら、その指導の系統性という点ではまだ曖昧なところがある。

以下では、小学校5・6年の「書くこと」に関する言語活動例を取り上げてみよう。

ア　経験したこと、想像したことなどを基に、詩や短歌、俳句をつくったり、物語や随筆などを書いたりすること。

『解説』を見ると、もっぱら短歌や俳句、随筆の創作について詳しく扱われていて、詩や物語の創作については触れられていない。つまり、2であげた3・4年の学習内容からの発展系統が曖昧なまま、散文では随筆という新たなジャンルが唐突に示され、物語の創作については尻切れトンボになっている。ここでは、中学年の『解説』にある「(物語の)特徴を必ずしも十分満たさなくとも、児童の思いを大切にして創造的な表現をすることの楽しさを実感させることが大切である」(六〇頁)という立場の発展として、高学年での目標を明示すべきである。

なお『解説』には、随筆の創作にあたって、「物語や詩などを書き身に付けてきた描写などの文学的な文章の表現力を生かす」と書いてある。この点で中学年からの発展系統はふまえていると釈明するかもしれないが、これは物語の創作そのものの発展系統ではない。

そもそも小学生に随筆を書かせることの意味は何だろうか。随筆は大人でも滅多に書ける代物ではない。それを小学生に要求するというのだから、『桜もさよならも日本語』(一九八六年、新潮社)の著者丸谷才一氏は卒倒するだろう。(丸谷氏は「子どもに詩を作らせるな」という過激な主張で知られている。児童詩教育の観点から見ると疑問もあるが、安易な創作指導に対する問題提起としては重要であると考えている。)

5 まとめ

小稿では、大きく二つのことについて述べた。

第一は、新学習指導要領の表層的な理解によって、「習得」と「活用」の形式的な二分法・段階論に陥らないように注意を喚起することである。

第二は、新学習指導要領における内的な整合性について問題点を指摘することである。具体的には、次の三点について述べた。①指導事項(教科内容)と言語活動例との関連性、②「書くこと」と「読むこと」という指導領域の間の関連性、③学年間の指導事項の関連性(系統性)という点で問題を残しているということである。

教科内容としての知識・技能の「習得」と「活用」を図るためには、教科内容と言語活動との有機的な関連づけ、各指導領域の教科内容の有機的な関連づけ、そして、教科内容の系統化(学年間の有機的な関連づけ)を図ることが必要である。

4　「話すこと・聞くこと」と「読むこと」との相互関係の大切さ
――新学習指導要領とこれからの読解指導・読みの授業を考える

中村　哲也（福島大学）

1　指導要領に過敏に反応する現場への懸念

改訂された小学校学習指導要領・中学校学習指導要領（二〇〇八年三月二八日文部科学省公示）は、周知のように、小学校では二〇一一（平成二三）年度、中学校では二〇一二（平成二四）年度から完全実施される。また、高等学校学習指導要領、特別支援学校学習指導要領（二〇〇九年三月九日公示）は二〇一三年度の第一学年から学年進行で実施されることとなった。

戦後まもない一九四七年に、学習指導要領（以下、指導要領と略記）は、占領国アメリカの指導要領をベースとして、あくまでカリキュラムや教育内容の編成のための「試案」として出されていたが、五八年の改訂以降、官報による公示へとかわり、法的拘束力を持つものとなり、今日に至っている。今回の改訂とその実施に際しても、私にとって、危惧されるのは、学校現場の過敏すぎる指導要領の文言への反応である。かつて、六八年度版指導要領が出されたとき、それ以降、音読の声が国語教育の現場から聞こえなくなったと言われたことがあった。私は、これを「〈音読・朗読〉の冬の時代」ともいうべき時期と指摘したが、実際、指導要領には、小学校の中学年段階で「黙読すること」（三学年）、「黙読に慣れること」（四学年）というように「黙読」ということばがしっかりと明示され、他方、「音読」ということばがないために、現場は「黙読」に過敏に対応し、「音読」を軽視する方へとシフトしてしまったのである（拙稿「〈音読・朗読〉指導のあり方をめぐって」『教育国語』第二―

二四号、一九九七年一月　四頁）。音読が隆盛する今日からすれば、まさに隔世の感である。しかし、今回の改訂において、「画期的」ともいえる具体的な言語活動例が盛り込まれていることと照らし合わせると、またしても再び、活動例や指導例への過敏な反応、そしてそれらに対するこだわりやとらわれが現場に出てくるのではないかと私は強く危惧する。例示されている活動例が具体的であればあるほど、それが現場の発想や実践の中で柔軟性を欠いた限定的な機械的なものにされてしまう危険がでてくるのである。

たとえば、〔第一学年及び第二学年〕の「C読むこと」の(2)に「イ　物語の読み聞かせを聞いたり、物語を演じたりすること」とある。また、〔伝統的な言語文化と国語の特質に関する事項〕の「ア　伝統的な言語文化に関する事項」の（ア）には「昔話や神話・伝承などの本や文章の読み聞かせを聞いたり、発表し合ったりすること」と記されている。「読み聞かせ」ということばが指導要領に登場した意味は大きい。しかし、低学年に表記されたことによって、限定的に「読み聞かせ」は低学年段階だけのものだと見なされてしまえば、「読み聞かせ」の持つ多様な可能性が貧しいものとなってしまうだろう。「読み聞かせ」は、幼年期だけのものではない。高校の実践でも成果をあげている（たとえば、村上淳子『本を読んで甲子園へいこう』ポプラ社、二〇〇〇年）。また、国語科以外の教科にも「読み聞かせ」は有効であると私は思う。社会、理科、算数（数学）、英語、音楽、美術等々、子どもたちの興味関心と教師の創意によって「読み聞かせ」は多彩なものとなるだろう。

さらに、「読み聞かせ」について言えば、私自身、現在、週一回木曜日の朝、福島市内の小学校で「読み聞かせの図書ボランティア」活動をしている。正規の授業時間ではないひと時だからこそ「読み聞かせ」本来の楽しくなごんだ雰囲気を醸し出すことが出来てきたと実感している。新しい指導要領となって、今後、「読み聞かせ」は国語の授業の中でもこれまで以上にどんどん取り入れられていくことは間違いない。授業に導入されたことで、「読み聞かせ」が堅苦しいものにならないようにしないことが大切である。しかし、逆に、授業を楽しく、リラックスしたものとするためにこそ「読み聞かせ」のもつ利点を十二分に生かしていければと思う。

2 真に問われている「読解力」の中身とは何か
―PISAにおける論述形式の「解釈」が苦手

九〇年代末以降、学力論争が、特に学力低下問題に焦点化され、マスコミや識者の間で盛んに取り上げられ、授業時数削減、総合的な学習の時間の導入を謳ったいわゆる「ゆとり教育」を中心とする前平成十年版指導要領はつねにその矢面に立たされてきた。

とくに、こうした学力論議と連動し、これを大きく刺激したのが、「経済協力開発機構（OECD）」による先進国を中心とした国際的学力調査（「生徒の学習到達度調査」以下、PISAと略記）の結果であり、これをめぐってマスコミをはじめとして、教育関係者、教育行政などを大きく巻き込むことになった。

今回の新指導要領の改訂には、PISAの影響が余りに大きい。例えば、文部科学省『小学校学習指導要領解説 国語編』（東洋館出版社、二〇〇八年八月）の総説にもPISA調査について触れており、PISAをめぐる世論を受け止めた内容となっている。なかでも、PISA二〇〇六の調査で、「読解リテラシー（Reading Literacy）」がOECD平均より下回っていたことによる危機意識が大きく影を落としている。また、全教科における「言語活動の充実」が主眼として据えられたが、これはそもそも「PISA型読解力」が国語科固有の読む力に限定されるものではなく、他教科にもまたがる教科横断的な言語能力を意味しているからである。

新指導要領の国語科におけるPISAの影響のひとつは、図や表・グラフといったいわゆる「非連続型テキスト」を用いた指導が取り入れられていることである。三年生以降、三学年・四学年では「話すこと・聞くこと」の中に、五学年・六学年では「書くこと」の中に明記されている。

しかし、PISA型云々あるいは新指導要領におけるPISAの影響を問題にするだけでは、明日の授業実践に有効となる新指導要領の具体的な受け止めは難しいだろう。なによりもPISAによって、具体的に問われた現代に生きるわが国の子ども・青年が示す読解力、読解リテラシーの本質的な中身がなんだったかを検討する必要がある。

よく言われていることに、PISAの結果で教育関係者が受けた衝撃のひとつとして、日本の子どもの無答率が際立って高かったことが挙げられている。このことをとらえて、日本の生徒たちは論述形式の問題に弱い、自分の意見や考えを述べることが苦手であるといった指摘がなされてきた。しかし、はたしてそれは本当か。単なる「論述」と考えれば、自分の意見や考えや評価を文章で記述・表現することであるが、PISAの論述形式の問題の中身を丁寧に吟味・検討すれば、それはただの論述ではないことがわかる。

八田幸恵氏は、PISA二〇〇〇と、読解力が八位から十四位に下がり、読解力低下と話題を呼んだPISA二〇〇三の問題とその出題傾向を分析し、日本においては、「読解力」が「熟考・評価」の論述形式の問題を出題しているという点が強調されているが、「熟考・評価」だけではなく、「解釈」の問題にも論述形式の出題は多いと述べ、「「読解プロセス」という点からみると「解釈」の問題がほぼ半数を占めており「熟考・評価」が特に強調されているわけではないことがわかる」（八田幸恵「国語の学力と読解リテラシー」田中耕治編著『新しい学力テストを読み解く』日本標準、二〇〇八年、四六頁）と指摘している。このPISAにおける「読解プロセス」とは、「情報の取り出し」「解釈」「熟考・評価」という三つの概念からとらえられており、相互に連関しながら読解のプロセスが成り立つとされている。

ここで、八田氏がこのプロセスにかかわって述べている点で非常に重要なことは、日本の場合、「解釈」に大きな問題があるという事実である。「情報の取り出し」はOECDの平均と同程度で無答率も同程度だった。自分の考えや意見を述べる「熟考・評価」の正答率はおおむねOECDの平均と同程度で無答率も高かった。これに比して「解釈」はOECDの平均を下回り、無答率も高かったと、八田氏は述べ、次のようにまとめている。「「情報の取り出し」については、日本の生徒は満足にできている。「解釈」においては、特に論述形式において書いていない生徒が多く、書いていても正答にたどり着いていない生徒が多い。「熟考・評価」については、正答を書くことができる生徒は書いているが、正答にたどり着けない生徒は書いていない。つまり、日本の生徒が最も課題をもっているのは、書いていても正答にたどり着くことができない論述形式の「解釈」であると考えられる」（同書、五二〜四頁）。

日本の生徒が、ＰＩＳＡにおいて「自分の考え」や意見を書けず、無回答が多かった背景には、そもそもＰＩＳＡにおける自由記述式問題そのものが、テキストに表された他者の考えや意見、主張を「解釈」した上で、「自分の考え」や意見を書き表す形式をとっていたからである。書かれている内容や事柄のおおよそは把握することができるが、「塾考・評価」という自分の意見・判断・考えへと至る、中間過程の「解釈」が弱いということは、テキストという他者の他者性に即しながら、テキストを通して著者や論者の主張していること、テーマ、主題を読み取ることを、日本の生徒は何よりも苦手としているということが明らかになったといえる。

したがって、新指導要領が主眼を置くようなＰＩＳＡ型学力にどう対応するかといったこと以上に、むしろ、これまでの国語の授業における読みや読解指導のあり方を反省し直し、総点検することが必要である。その意味で、奇しくもと言おうか、ＰＩＳＡ調査によって、わが国の国語教育がこれまで実績をあげ、蓄積してきたテキストの「解釈」の問題が改めて問い直されてきたわけで、ＰＩＳＡの読解力の低下を克服するためにこそ、テキストをしっかり読み、著者や論者の考えや意見を着実に読み取る力を着ける指導をしなければならないと私は強く主張したい。

3　「読み」における「他者理解」「視点転換」の指導

テキストに書かれ、表わされる他者の意見や考え（文学テキスト・教材では、登場人物の考えや心情など）をどう読み取り、解釈するかという問題を「他者理解」の問題として立ててみよう。このとき、第一に必要なことはなにか。テキストを読むためには、様々な言語的知識・能力をはじめとして多くの要素が必要とされるが、テキストを含めて、自己の外部にある他者およびその他者性を尊重する態度・姿勢が必要である。そして、他者の立場、他者の視点へと可能な限り自己の視点を切り換えることができることが重要となる。

つまり、読解力の向上のカギのひとつとして大事なのは、国語の授業の中に「視点の転換」「他者理解」というものをどう具体的に取り上げ、組み込んでいくかということである。この点で、逸することができない役割を果たすのが、「話すこと・聞くこと」の役割である。話し合いや討論・議論は、まさに多元的な他者の視点に立ち、しっかりとした他者理解を養う基盤的な活動である。とりわけ他者の発言に耳を傾け、それをしっかりと受け止め、理解する活動は、他者の声を読む活動、まさに読解力そのものといえる。

ここで改めて、新指導要領への移行期に際して、国語の授業において、どのように話しことばを通しての他者理解、視点の転換が行われてきたか、そして、今後それがどのように行われるべきかを本腰を入れてチェックし、検討していかなければならないと私は考える。

日本の生徒は、ＰＩＳＡなどの自由記述式問題において、「自分の考え」を書くことは決して苦手ではなく、むしろＰＩＳＡ以外の学力テストでは「自分の考え」を書くことは得意であることが示されていると八田氏は指摘したが、八田氏の主張の要点で最も特筆すべきことは、「他者の考え」を特定して書くことによって「自分の考え」を表現するという、ＰＩＳＡが求める「自分の考え」を形成することが苦手なのである」(同書、六一頁)という点だった。

ところで、これをそのまま「話すこと・聞くこと」における話し合い、討論あるいはディベートのあり方に当てはめてみると、いったいどのような討論や話し合いになるのだろうか。それは、火を見るより明らかである。討論とは名ばかりで、「自分の考え」だけを言い張る「言い合い」、あるいは言葉尻をとらえたり、揚げ足取りばかりに終始して、相手をやり込め、力でねじ伏せる「パワーゲーム」「勝ち負けゲーム」に堕するだろう。

まず、「視点の転換」によって他者の視点に立ち、その発言を聴いて理解するような指導が話し合い、討論において積極的に行われていくことが、テキストを通して他者の考えを理解する「読解力」を伸ばすことと結びつくのである。新指導要領の「話すこと・聞くこと」には、こうした観点が積極的に取り入れられ、聞くことと話し合い・討論の持ち方の観点が次のように提示されている。

「オ、互いの話を集中して聞き、話題に沿って話し合うこと。」(小学一・二学年)

「オ、互いの考えの共通点や相違点を考え、司会や提案などの役割を果たしながら、進行に沿って話し合うこと。」

(小学三・四学年)

「エ、話し手の意図をとらえながら聞き、自分の意見と比べるなどして考えをまとめること。　オ、互いの立場や意図をはっきりさせながら、計画的に話し合うこと。」（小学五・六学年）

「エ、必要に応じて質問しながら聞き取り、自分の考えとの共通点や相違点を整理すること。　オ、話合いの話題や方向をとらえて的確に話したり、相手の発言を注意して聞いたりして、自分の考えをまとめること。」（中学一年）

「エ、話の論理的な構成や展開などを注意して聞き、自分の考えと比較すること。　オ、相手の立場や考えを尊重し、目的に沿って話し合い、互いの発言を検討して自分の考えを広げること。」（中学二年）

「ウ、聞き取った内容や表現の仕方を評価して、自分のものの見方や考え方を深めたり、表現に生かしたりすること。　エ、話合いが効果的に展開するように進行の仕方を工夫し、課題の解決に向けて互いの考えを生かし合うこと。」（中学三年）

「話すこと・聞くこと」の活動を通して、その中に実に鮮明に他者感覚への重点的な配慮がなされていること に私は注目したい。こうした他者感覚に基づいて、相手（他者）の立場や視点に立って、相手の発言内容、意見や考えを理解し、その上でそれらについて的確に自分の意見や考えを述べる他者感覚は、ＰＩＳＡの「読解プロセス」の「解釈」から「熟考・評価」の過程そのものであり、討論・話し合い活動を積極的に「読むこと」の授業に組み込むことで、他者感覚を生かした読み・読解の指導が可能となるだろう。

そのためにも、教材・テキストという他者、それを読み・解釈する他者同士の互いに相手を尊重する開かれた倫理的態度が必須となる。これをどう国語教育の中で育てていくかが大きな課題であり、道徳教育ともかかわって、今後の国語科のあり方を大きく左右すると私は思う。その意味で、とりわけ、社会哲学者ユルゲン・ハーバーマスが提唱した「討議倫理学」「コミュニケーション倫理学」（ハーバーマス『道徳意識とコミュニケーション行為』岩波書店一九九一年、同『討議倫理』法政大学出版局二〇〇五年など）の考え方は、今後、無視することはできないだろう。彼が提示した理論は、現実の討論を批判的検討するメタ尺度として有効である。それはまた、抑圧的で非生産的な討議のあり方を「これでいいのか」と批判し修正する尺度であるとともに、あるべき理想の討論へと絶えず近似化を促す実践的目安ともなる。子どもたちや生徒たちに自覚させるべきは勝ち負けの「パワーゲーム」ではなく、倫理的な態度を共有しながら互いに発言し受け止め、考え合い、問題や論点に対する理解が深まったかどうかであるべきだと私は言いたい。

4　小学校での新たな読解・読みの指導の観点

小学校の文学教材・「文学的な文章」の解釈・読みの指導事項において、これまで以上に「視点の転換」「視点の柔軟性」が要請される文言が「解説」の中に加わっている。それは、次の箇所である。

「エ、登場人物の相互関係や心情、場面についての描写をとらえ、優れた叙述について自分の考えをまとめること。」（小学五・六年）

中学年までは、一人一人の登場人物の性格や言動に基づきその心情を読み取ったが、高学年では、登場人物の相互関係から人物像やその役割をとらえ、合わせて内面的な心情も読み取ることになった。新たに指導要領に入ったこの「登場人物の相互関係」に基づく読みの指導についてどのような議論がこれからなされていくのだろうか。教科書教材では、短編が主であり、登場人物は「主役」―「対役」の二者関係が多い。例えば、「ごんぎつね」における「ごん」と「兵十」との関係、「大造じいさんとガン」における「大造」と「残雪」の関係、中学では「少年の日の思い出」における「僕」と「エーミール」の関係、やや複雑なものとしては、「走れメロス」における「メロス」と「王」と「セリヌンティウス」との三者の相互関係がある。（ちなみに私は、メロスの無謀な入城を引き起こす大きな要因・背景として、結婚を控えた「メロスの妹」の存在も重要だと考える）。

登場人物の相互関係を読むこと。それは、複数の視点の交錯を読み解き、読みとることに他ならない。もちろん、そのためにはテキストにおける複数の登場人物（他者）の視点へと自己の視点を転換させる読み手・学習者の能力が重要となる。

いずれにしろ、他者感覚をしっかりと育てることと連動した新たな読みの指導へと大きく国語教育は歩みださなければならない時に来ている。そのためにこそカギとなるのは、「話すこと・聞くこと」と「読むこと」との相互関係を大切にした授業づくりなのである。

5　グローバル化時代を豊かに生きるための「ことばの教育」を

村上呂里（琉球大学）

はじめに

平成二〇年三月に出された学習指導要領「国語」について、近代国家形成と一体となった「国語教育」の確立と展開、そしてグローバル化時代を背景に「伝え合う力」がますます必要とされる「国語教育」の展望へ、という長いスパンでその位置づけをとらえてみると興味深い。グローバル化時代ゆえに、いわゆるＰＩＳＡショックというグローバルスタンダードによる「外圧」を強く意識せざるをえない。一方で、グローバル化時代ゆえに、ナショナルなものとしての「伝統」への渇望が起こる。それがたとえば文化審答申における文語体復権などに見える復古調への指向をはじめ「内圧」として現れる。そのせめぎあいのなかで、新学習指導要領には戦後民主主義の歩みと一体となった「国語教育」の実践と研究の歩みを篤実に反映しようとする見識もあちこちに読み取ることができるように思う。この小論では、①「伝統的な言語文化に関する事項」、②音読と暗唱と朗読、③「言語活動」の位置づけ、④「国語の特質に関する事項」についての四点について、ささやかな考察と提言を試みたい。

1　「伝統的な言語文化に関する事項」

〈伝統〉は、地域の自然・風土、歴史の中で育まれる。〈伝統〉の土壌に深く豊かに根ざしてこそ、文化は底力を持ち、その固有性を発揮することができる。と同時に、他者の文化の尊厳を認識し、大切にできる人間を育むことができる。グローバル化時代には、文化の画一化に抗《あらが》い、底力のある固有性に富んだ文化を発展的に継承すると同時に、他者の多様な文化の尊厳を学ぶことは、必須の課題である。ゆえに「伝統的な言語文化に関する事項」が新たに位置づけられたことは、歴史的必然性に拠るものとしてその意義をとらえたい。

大切なのは、「伝統的な言語文化」の内容をどう定めるか、〈伝統〉とはそもそも何か？ということである。

新学習指導要領を確認してみる。小学校低学年では「昔話や神話・伝承などの本や文章の読み聞かせを聞いたり、発表し合ったりすること」、中学年では「易しい文語調の短歌や俳句について、情景を思い浮かべたり、リズムを感じ取りながら音読や暗唱をしたりすること」「長い間使われてきたことわざや慣用句、故事成語などの意味を知り、使うこと」、高学年では「親しみやすい古文や漢文、近代以降の文語調の文章について、内容の大体を知り、音読すること」「古典について解説した文章を読み、昔の人のものの見方や感じ方を知ること」とある（傍線 村上）。

『小学校学習指導要領解説 国語編』（平成二〇年六月）には、「短歌の五・七・五・七・七の三十一音、俳句の五・七・五の十七音から、季節や風情、歌や句に込めた思いなどを思い浮かべたり、七音五音を中心としたリズムから国語の美しい響きを感じ取りながら音読したり暗唱したりして、文語の調子に親しむ態度を育成するようにすることが重要である」と書かれている。

(1)「昔話や神話・伝承などの本や文章」について

昔話や伝承は、もともと口承文芸であり、「本や文章」から学ぶものではなかった。「本や文章」にされることは、当初、貴重な記録化の意味あいも持っていたが、一方で地域ごとに育まれてきた多様な語り口の味わいがそぎ落とされ、画一化されてしまう危険性も孕んでいた。根のある文化にふれ、底力のある文化を子どもたちの身の内に継承していくためには、語り部による生の語りの場を体験させることも大切であろう。〈伝統〉の伝承の生きた場を位置づけていくことは、世代を超えた出会いと対話を生みだす貴重な場ともなりうる。ぜひこうした場を授業の中に位置づけ、〈伝統〉の意味をとらえ返していきたい。

神話には、古代に生きた人びとの原初的で力強い息吹が感じられ、教材化されること自体は必要であると考える。しかし小学校低学年に位置づける必然性が見えてこない。小学校低学年で一つの神話のみを学ぶならば、その単一的な〈神話の記憶〉が国民形成の原点となるということも考えうる。教科書教材を広げるような副教材づくりや単元づくりが切実な課題となるだろう。たとえば単元「神話」を組み、アイヌの神話や近隣の諸地域に伝わる神話をやさしくまとめたものを、比べ読みしていくことなど考えられよう。筆者が研究のフィールドとしているベトナムの小学校教科書「ベトナム語」（日本における「国語」の教科書に相当する）にも神話が教材として位置づけられている。それは多民族国家にふさわしく多民族が一つのひょうたんから生まれ出るというものである。こうした神話とあわせて読むことによって、創世にこめられた人びとの思いと各々の固有性・多様性を感じとることができるだろう。

(2)「易しい文語調の短歌や俳句」の「音読や暗唱」について

沖縄に住む筆者としては、「短歌や俳句など」というふうに「など」がつけられなかったことは、非常にショックであった。周知のように、沖縄には琉歌があり、それは八八八六の三十音である。筆者は五七の切れの良いリズムも好きであるが、「てぃんさぐぬ花や　爪先（ちみざち）に染みてぃ　親（うや）ぬゆし事（ぐとぅ）や　肝（ちむ）に染みり」（ほうせんかの花の色を爪先に染めるように、親の教えは肝（心と身体）に染めていくもの）というように、揺れるようなゆったりした八六のリズムも心地良い。沖縄の人びとにとって身体化されてきた〈伝統〉とは、八六のリズムである。アイヌ民族にとっては、アイヌ歌謡のリズムがあるであろう。「短歌や俳句」ももちろん誇るべき言語文化であるが、日本の言語文化の内の限られた「伝統」の〈かたち〉の一つにすぎない。その限られた「伝統」の均質なリズムが教室を介して身体化され、日本の各々の地域に息づき人びとを育んできた多様な〈伝統〉のリズムが喪われてしまうことはしのびがたい。それは、かえって言語文化の伝承の根っこを切ってしまうことになりかねないのではないだろうか。

〈伝統〉とは、地域にすでに人びとと共に生きて存在しているもののはずである。その「人びとと共に生きて存在している」〈伝統〉を積極的に掘り起こし、豊かな伝承の場をつくることこそが、今、学校教育の大切な役割ではないだろうか。ぜひ「短歌や俳句など」ととらえ返し、その地域に根ざして息づいてきた言語文化や日本の国土に息づく沖縄地域やアイヌ民族の伝統的言語文化を視野に入れ、子どもたちの身体性を他者の文化の尊厳にもひらかれた豊かなものとしていきたい。

2　音読と暗唱と朗読

「暗唱」とは、〈ことばの力〉を今生きている身体に現前させる神秘性を孕んだ方法論である。それゆえに、戦後民主主義教育は基本的にその神秘性を忌避してきた。科学万能の高度経済成長期に学校教育を受けた筆者は、もっと「暗唱」指導を受けたかったと秘かに思う。たとえば「白鳥は　かなしからずや　空の青海のあをにも　染まずただよふ」（若山牧水）をその文語的表記とともに暗唱することによって清冽な魂が傍らに訪れ、生々しい現実生活から、ふっと生きることの本質に立ち戻らされる。そのとき充分に意味がわからずとも、暗唱して身体化されていれば、人生の折節にその〈ことばの力〉が甦る。そんな〈ことばの力〉を身の内に豊かに持っていれば、人生の礎となって折節にどんなにか支えとなってくれるだろう。その意味で優れた方法論である。〈ことばの力〉を「意味」からいったん離れて存分に堪能できる「ことばあそび歌」を位置づけながら、折節に人生を豊かにしてくれる詩や歌謡等の作品集（途中からは自分で探して編集していけるような形にして）を一冊持たせてあげたい。

一方、皆が同じ文言を一斉に暗唱する場面を想像すればわかるように、「暗唱」は危険性も含んでいる。文化審答中の段階では、日本人としての感性や情緒の育成と音読・暗唱がセットにされ、暗唱の強調のトーンの内にナショナリズムを鼓吹する指向も感じられた。が、新学習指導要領においては、その危険性は、国語教育研究の成果を踏まえた見識によって注意深く弱められているように思う。

『小学校学習指導要領解説　国語編』には、音読と朗読の違いがはじめて明記された。

「音読では、書き手の意図を考え、自分の思いや考えと合わせて音声化していく必要がある。特に物語や詩では、書き手が語り手を設定したり、登場人物を設定したりしているので、その語り手やそれぞれの登場人物などの人物像も明確にし、どのように語りたいのかを決める必要がある。」、「朗読は、読者として自分が思ったことや考えたことから対象としている文章の全体的なイメージを明確にし、そのことを相手に分かってもらえるように伝えようとして音声化するものである。」、さらに「音読が、文章の内容や表現をよく理解し伝えることに重点があるのに対して、朗読は、児童一人一人が自分なりに解釈したことや、感心や感動をしたことなどを、文章全体に対する思いや考えとしてまとめ、表現性を高めて伝えることに重点がある。」（傍線　村上）と定義し、「表現性や創造性」を高めるための「朗読劇や群読、身体的な表現なども交えた劇のような音読の活動」も位置づけている。

近代言語教育の確立期には、「正しく」発音することが第一義的に求められた。それは時に緊張に満ちたぎこちない、生硬な語りとなりかねなかった。しかし、「伝え合う力」が求められるグローバル化時代には、「自分なりに解釈したことや、感心や感動したこと」を、表現性や創造性を「高めて伝え」ていくことが必須である。朗読の定義と位置づけがなされたことは、やはり歴史的必然性に沿った意義を持つものとして、大歓迎したい。

ここで筆者があたためている朗読劇を一つ提案させていただきたい。それは工藤直子の長編詩「ねこ、はしる」の朗読劇である。ランは、内気でのろまでおちこぼれ、「猫らしくない」子猫である。そのランが、魚と友だちになる。喧嘩をしたり、遊んだりしている内に、ランはしだいに活き活きと自分を発揮できる猫へと成長していく。しかし、猫が自分を発揮できる＝「猫らしくなる」ということは、すなわち魚を食べる＝殺すことができる能力を身につけるということでもあった。ランは、一人前の猫となるために、友だちの魚をいつか食べなければならない。そして、その日がやってくる…。かけがえのない〈出会い〉が、殺す・殺されるという関係性をはじめから孕んでいるという厳しさと切なさが胸に迫る作品である。このランの誕生から魚との出会いと別れ、そして新たな〈いのち〉のつらなりへと至る過程を、大地や池、水底の石、野うさぎ母さんやのねずみ、蟻、すすき、蛙、夕日などなどさまざまな〈いのち〉が、それぞれの語り口によってあたたかく見守る。冒頭詩が、出会いと別れの意味、ひいては〈いのち〉を生きたり、いただいたりする意味を問いかけつづける。そんな長編詩である。学生たちと朗読劇を試みると、それぞれの語り（声）が〈いのち〉のハーモニーとなって感動に包まれた。〈いのち〉の意味が痛切に問われる今日、ぜひ思春期の子どもたち（小学校高学年から中学生）に試みてほしい朗読劇である。そんな構想をも励ましてくれる「朗読」の位置づけである。こうした位置づけにより、子どもたちの〈声〉と〈いのち〉のハーモニーがあちこちの教室で生まれることを心から期待したい。

3　「言語活動」の位置づけ

一九三七（昭和一二）年、西尾実が言語活動主義を唱えて以来、戦後には「単元学習」というかたちで、言語活動主義の理論と実践は民主主義の担い手を育む願いとともに、倉澤栄吉、大村はま、浜本純逸らによって営々と積み重ねられてきた。新学習指導要領は、はじめて「言語活動例」を内容の(2)に位置づけ、「言語活動の充実」をさらに明確に打ち出した。PISA型読解力においては、「活用」の力が重く位置づけられ、新学習指導要領もあらためて「観察・実験、レポートの作成、論述など知識・技能の活用を図る学習活動を」充実させることを説いた。「資料を提示しながら発表すること」をはじめ、それらは言うまでもなく、「単元学習」がすでに大切に位置づけてきたことである。「単元学習」を豊かに実践する力量を教員が身につければ、PISA調査で測られる「活用」の能力は豊かに育むことができる。

今日の「学力テスト」をめぐる報道や動向をふりかえると、反復学習重視の方向性がより強く注目されているように感じられる。「活用」の能力向上についても、これまでの内なる教育実践の伝統に学ぶことのない「対策」めいたものがあるように感じられてならない。反復学習の重要性を否定するわけでは決してないが、日本の先達が営々と積み重ねてきた理論と実践の蓄積を学ぶことによる地道な「学力向上」の道筋の大切さをあらためて強調しておきたい。「学力向上」の先には、地球規模のさし迫った課題に対し、異なる文化を持つ者同士が共に立ち向かっていく豊かな世界がひらかれていなければならない。そのためには、「学力向上」への取り組みそのものが、大村はまの「国語教室」のように豊かなものであってほしいと願う。基礎学力低下を声高に唱える世論のなかで、「言語活動」のさらなる充実を打ち出した新学習指導要領のねらいも、そこにあるものと受けとめたい。

(4)「国語の特質に関する事項」について

さいごに、「国語の特質に関する事項」について少し述べたい。

これまでの「言語事項」に替わって「国語の特質に関する事項」という表現が新たにされるようになった。ここにはやはり、国民国家の揺らぎを背景とした「国語」の文化伝承への切実な危機感が感じられる。その危機感は筆者も共有するものであるが、グローバル化時代には、世界の諸言語への視野をも広げる形で「日本語文化」を学ぶ視点がますます重要となってくるであろう。たとえば漢字文化圏（中国、韓国・朝鮮、ベトナム）からもたくさんの人びとが「共に働く」隣人として日本を訪れるようになっている。漢字学習において、漢字文化圏への視野を広げた上で「日本語文化」の歴史と特質を学ぶことによって、漢字をグローバルな文字文化としてとらえ、その成り立ち・由来・発展への興味・関心を掘り起こすことができる。と同時に、他地域の文字文化への親しみや各々の固有性の尊厳への見識も育むことができる。また、自らの言語を相対化した上で、各々の特質をとらえるメタ言語意識を育むことができる。「国語」を相対化してとらえるメタ言語意識の育成は、これから多言語を操って世界を生きていかなければならないグローバル化時代には必須の課題であろう。こうした視野も持ち、「国語の特質に関する事項」の実践を、今後開発し、積み重ねていきたい。

おわりに

「近代」という国民国家を確立させていかなければならなかった時代に成立した「国語教育」は、グローバル化時代を迎え、さまざまな矛盾を胚胎し、脱構築すべき時期にきている。①根っこに根ざし、底力のある固有の伝統的言語文化を伝承し、創造的に発展させる「伝統的な言語文化」の学びの場を積極的につくること、②同時に、他者の言語文化の尊厳に対する視野や見識を育む学びをつくりだすこと、③身体の底から発せられる自らの〈声〉を豊かにし、伝え合う力を育むこと、④異なる文化的背景、個性、意見を持つ者が地球規模の課題に共に対処していく市民社会を主体的に担いうる言語活動能力を育む学習をさらに充実させていくこと、⑤多言語社会を豊かに生きていくために、自らの言語への認識とそれを相対化しうるメタ言語意識を育む「国語の特質に関する事項」の学びを創造していくこと、以上の五点を、新学習指導要領を踏まえた課題として提案し、結びとしたい。

6　全国学力学習状況調査・秋田県の結果に関する考察
――平成一九年度・二〇年度の要因分析

阿部　昇（秋田大学）

はじめに

二〇〇七年に文部科学省は、「児童生徒の学力・学習状況をきめ細かく把握・分析することにより、教育及び教育施策の成果と課題を検証し、その改善を図る」等を目的として「全国学力学習状況調査」を実施した。

この調査については、悉皆調査にしたことの問題をはじめ、各県の序列付け、県内地域・学校の序列付け、学級・教師の序列付けにつながる危険性など、いくつかの問題性を含んでいる。検査問題そのものについても、これまでにない新しいタイプの実験的な問題・設問がある一方で、大きく改善すべきものもある。

また、こういった学力検査によって、知ることができるのは、子どもたちの学力の特定の部分だけであることを意識しておく必要もある。ＯＥＣＤの学習到達度調査（ＰＩＳＡ）も今回の調査も、そういった限界はある。

ただし、そういった問題・限界があるからといって、その結果を分析すること自体を否定する必要はないと考える。分析の際に十分な配慮をしていけば、いくつかの示唆が得られる可能性がある。

阿部は、二〇〇七年（平成一九年度）・二〇〇八年（平成二〇年度）の秋田県の調査結果を分析・検討し改善の提言を行う「秋田県検証改善委員会」の委員長をつとめ、報告書を取りまとめた[1]。その際の検討にもとづいて、以下、秋田県の結果について要因分析を行う。そのことによって、日本の国語科教育さらには日本の教育の改善の方向性を探っていきたい（なお、ここでは良好な結果に関する要因分析を行う。課題については別の稿で検討したい[2]。

1　秋田県の結果

平成一九年度、二〇年度の秋田県の結果は、以下のとおりである。（右・一九年度、左・二〇年度、単位は％）

	小学校	全国比	中学校三年	全国比
国語A（知識）	八六・一 七四・四	＋四・四 ＋九・〇	八五・四 七八・六	＋三・八 ＋五・〇
国語B（応用）	六九・〇 六二・九	＋七・〇 ＋一二・四	七七・〇 六六・八	＋五・〇 ＋六・〇
算数・数学A（知識）	八八・四 八〇・七	＋六・三 ＋八・五	七七・五 七〇・一	＋五・六 ＋七・〇
算数・数学B（応用）	六八・六 五八・九	＋五・〇 ＋七・三	六五・三 五四・七	＋四・七 ＋五・五

小学校と中学校、国語と算数・数学、A問題とB問題、いずれについても全国平均を大きく上回っている。平成二〇年度は、全国平均との差がさらに大きくなった。

また、もう一つ注目すべきは、秋田県は無答率が全国平均と比べてかなり低かったという点である（「無答率」とは、その設問に全く手をつけずに白紙状態のまま提出された答案の割合のこと）。一九年度・二〇年度ともに国語、算数・数学の小学校・中学校のA問題・B問題すべての設問について無答率は全国平均を下回っている。全国平均の二分の一～三分の一の無答率のものがいくつもある。

子どもたちへの「質問紙調査」で、特に全国平均を大きく上回っているものは、次のような項目である。（以下、特に注記がない場合は、回答1「している」「よくしている」「当てはまる」「多い」「そのとおりだと思う」と、回答2「どちらかといえばしている」「ときどきしている」「どちらかといえば、当てはまる」「どちらかといえば多い」「どちらかといえば、そう思う」の合計の数値を示している。また、括弧内の＋－は全国比。）

「家で」「学校の授業の復習をしている」は、一九年度、小学生が七四・五％（＋三四・四）、中学生が六三・一％（＋二三・九）、二〇年度、小学生が七九・七％（＋三六・三）、中学生が六七・一％（＋二七・五）と、いずれも全国平均を大きく上回っている。

一九年度の中学生だけへの質問であるが「国語の授業

では、友達と話し合ったりして意見を交換する場面が多い」が、五九・三％（＋一九・八）、「国語の授業では、自分の思いや考えを書くことが多い」が七五・七％（＋一一・三）となっている。これに類する質問では、一九年度・二〇年度ともに小学生も、肯定的な答えが全国平均よりも多い。

「ふだん、何時ごろに起きますか」については、「7時より前におきる」が、一九年度、小学生で九一・一％（＋一六・六）、中学生で八二・二％（＋一八・三）、二〇年度、小学生で九〇・三％（＋一五・三）、中学生で八三・一％（＋一八・〇）である。今話題になっている「携帯電話で通話やメールをしてい」るかについては、「持っていない」「全く、または、ほとんどやらない」の合計が、一九年度は、小学生で九〇・五％（＋一二・九）、中学生で五七・二％（＋一二・四）、二〇年度は、小学生で八七・七％（＋一三・四）、中学生で五七・四％（＋一四・六）となっている。「家の人と普段(月～金曜日)、朝食を一緒に食べていますか」については、一九年度、小学生が六六・九％（＋六・二）、中学生が五一・三％（＋一〇・七）、二〇年度、小学生が六七・一％（＋六・四）、中学生が五二・九％（＋一二・三）となっている。

各学校への「質問紙」で、特に大きく全国平均を上回っているものは、「授業中の私語が少なく、落ち着いている」は、一九年度、小学校で、九四・〇パーセント（＋三・四）、中学校で九二・五（＋八・五）、二〇年度、小学校で、九三・六％（＋三・六）、中学校で九七・七（＋六・五）である。なお、「1そのとおりだと思う」に限ると、一九年度は、小学校四七・九％（＋一一・八）、中学校六一・二％（＋一七・三）、二〇年度は、小学校四三・〇％（＋九・四）、中学校六四・四％（＋二〇・四）と、全国との差がより大きくなる。

「放課後を利用した補充的な学習サポート」については、一九年度、「はい」が小学校で六一・四％（＋二〇・五）、中学校で七七・六％（＋二二・二）、二〇年度、「はい」が小学校で六一・二％（＋一九・三）、中学校で八四・八％（＋二七・六）となっている。

また、一九年度だけの質問だが、「学級便り又は学年便りを発行」については「1週間に1回以上発行」「2週間に1回以上」を合計すると、小学校で八九・七％（＋三二・一）、中学校で九四・〇％（＋三四・七）と全国平均を三〇％以上、上回っている。「地域の人が自由に授業参観などができる学校公開日を設けている」については、一九年度、小学校九九・七％（＋一九・七）、中学校九七・八％（＋二三・二）、二〇年度、小学校九八・九％（＋一七・七）、中学校九八・五％（＋二一・六）と、小中ともにほぼ一〇〇％となっている。

2　結果の要因分析

今回の学力・学習状況調査には、ＰＩＳＡを意識した「活用」重視の「Ｂ問題」が含まれる。文部科学省の資料では、「様々な課題解決のための構想を立て、実践し、評価・改善する力」となっている。秋田県の子どもたちは、「知識・技能」とを中心とした従来型の「Ａ」だけでなく、その「Ｂ」でも、好結果を残した。また、既に述べたように秋田県は、無答率が低かった。ＯＥＣＤの学習到達度調査（ＰＩＳＡ）では、日本の子どもたちの無答率の高さが問題となった。ところが、秋田県の子どもたちは、すべての設問で無答率が全国平均を下回った。特に、全国的に無答が多い傾向にある「Ｂ」問題を中心とする記述式の設問で、秋田は無答率に差をつけた。

以下、秋田県の結果に関してその要因を分析する。

(1)　授業に臨む子どもたちの姿勢の良さ

秋田県の子どもたちの授業に望む姿勢はたいへん良好である。そのことが、好結果を生み出した大きな要因の一つである可能性が高い。

「授業中の私語が少なく、落ち着いている」に「1そのとおりだと思う」と答えた学校が、全国平均より、一九年度は、小学校で一一・八ポイント、中学校で一七・三ポイントも多い。二〇年度は、小学校で九・四ポイント、中学校で二〇・四ポイントも多い。逆に「3どちらかといえば、そう思わない」「4そう思わない」の合計は、一九年度、小学校では五・〇％（全国一〇・三％）、中学校では〇・七％（全国九・五％）、二〇年度、小学校では六・五％（全国一〇・〇％）、中学校では二・三％（全国八・七％）である。秋田県は、全国に比べ授業の状況がたいへん良いと言える。

学習は、主要には学校の授業で行われるべきもので、学力は授業でこそ身に付けさせていく必要がある。授業不成立かそれに近い状況になれば、学習は成立しないし、学力も保障されない。授業崩壊は子どもたちから、学力を身につける権利を奪う。そういった状況の中でも、必要なだけ塾通えたり家庭教師を付けてもらえる環境にある一部の子どもたちは、学校以外で学力をつける機会がある。しかし、そういう環境にない子どもたちは、学校の授業での学習が、学力を身につける場所である。その点、秋田県ではより多くの子どもたちが、学校の授業で学力を身につける機会を保障されていると言える。

授業不成立あるいは授業崩壊が起きにくい要因は、様々考えられる。

まず、多くの家庭や地域が学校・教師を支えようという姿勢をもっているということである。家庭や地域にそういう姿勢がなければ、子どもたちと先生方・学校との関係は不安定なものになり易い。小学生・中学生は、動揺の激しい成長期である。些細なきっかけで子どもたちと教師・学校の間に摩擦が起こることがある。

子どもたちは、教師・学校への不満を家庭・地域で口にすることがある。そうした場合に家庭や地域が子どもにどう対応するかが、大きな意味をもつ。家庭・地域が教師・学校を支持する姿勢で対応すれば、子どもたちと教師・学校との関係の悪化に歯止めができる。今問題になっているのは、そうした場合に家庭・地域が子どもたちと教師・学校との摩擦を増幅する場合である。秋田県では、相対的にそうなりにくい状況にあると予測できる。

教師・学校が、家庭・地域とのつながりを大切にしているという点も、右の条件を支えていると言える。「学級便り、学年便りの発行」については、一九年度だけの調査だが既に示したように小学校で＋三一・一ポイント、中学校で＋三四・七ポイントと全国平均を大きく上回る。「地域の授業参観ができる学校公開日」については、ほぼ一〇〇％である。延べの来校者数は、児童生徒等の在籍数の二倍に及ぶ。

また、秋田県の教師・学校の子どもたちへの指導の在り方も、授業不成立を作りにくくしている可能性がある。既に紹介したように秋田県では、「話し合ったりして意見を交換する場面」や「自分の思いや考えを書く」（生徒質問紙）学習過程を重視する授業がより多い。「話し合ったりして意見を交換する場面」や「自分の思いや考えを書く」指導過程を授業の中に位置付けるということは、手間がかかる。にもかかわらずそういう指導を多くの教師・学校が行っている。

そこに秋田県の教師・学校の典型的な姿勢が示されているとも言える。それは子どもの主体性を重視するという指導の姿勢とも言える。一方的に管理したり教え込むという姿勢とは、対局にある。

このデータからも、授業改善が進むとともに、その状況が子どもを通じて保護者に伝わっていることが分かる。家庭・地域のよさを生かしながら、家庭・地域に学校を開き、継続的に働きかける取組が、家庭・地域と学校との連携を作り出し、子どもたちと先生方との良好な関係を支えている。

(2) 自らの意見を表明しつつ話し合い意見交換する学習

秋田県では、全体として子どもたちに意見を書かせたり発表させたりする授業の割合が多い。また、それを生かしつつ、子ども相互の話し合いや意見交換をさせている授業の割合も多い。

小学校では「国語で資料を読み、自分の考えを話したり、書いたりしている」が、一九年度、六六・八%（＋七・八）、二〇年度、六八・一%（＋一一・七）。「算数で学習したことを普段の生活の中で活用できないか考える」が、一九年度、六九・九%（＋七・六）、二〇年度、七三・九%（＋八・八）。「「総合的な学習の時間」で新しいことを発見できると思う」が、一九年度、七六・四%（＋七・二）、二〇年度、八〇・一%（＋八・九）。——これらが全国平均を上回る。中学校では、いずれも一九年度のみの質問だが、「国語では、話し合ったりして意見を交換する場面が多い」が、五九・三%（＋一九・八）。「国語では、自分の思いや考えを書くことが多い」七五・七%（＋一一・三）。——などが全国平均を大きく上回っている。

「自分の考えを話したり、書いたり」する中で、子どもたちはより能動的な学習姿勢を身につけることができる。自分で様々に考え工夫しながら話したり書いたりすることで、受動的な学習姿勢が能動的な学習姿勢に変わっていく。教師やその教科が得意なクラスメイトの「正解」を待つことがなくなっていく。そして、教師の評価、クラスメイトの評価により、子どもたちは、自ら考えることの喜びと価値を実感し、さらに自分の考えを話したり、書いたりすることを前向きに行うようになる。その考えをさらに「話し合ったりして意見を交換する」ことで、より質の高い学習が展開できる。子どもたちの多様な意見がかかわり合い、ぶつかり合い、交流し合うことで、様々な発見が生まれ、予想外の気づきが生まれ、豊かな学習が生まれてくる。学習集団が生み出す創造性である。そこに自分の考えが位置付き、否定されたり肯定されたり新しい意味付けを与えられたり、という過程で子どもたちは、さらに大きな喜びを感じることになる。

教師の説明・解説も、教師と子どもとの問答も大切である。しかし、それだけでなく子ども相互が意見を出し合い、交流し合い、ぶつけ合うことで、より質の高い学習過程が現出する。様々な発見も生まれる。

今回の調査で、記述式設問で無答率が特に全国平均を大きく下回っていたこと　意見表明が求められる記述式設問や試行錯誤の思考・工夫が求められるような記述式設問で正答率が全国平均をより大きく上回る結果が出たことと、これらのデータ（「自分の考えを話したり、書いたりしている」「話し合ったりして意見を交換する場面が多い」が全国平均を大きく上回った）とに大きな相関がある可能性が高い。

「自分の考えを話したり、書いたり」させる、「話し合ったりして意見を交換する場面」を作り出すことは、授業過程としては手間や時間がかかる。一人一人が考える時間の保障、それを話したり書いたりする時間と場面の保障、また話し合いのための配慮されたグループづくり、司会（学習リーダー）指導、グループや学級全体で話し合うことに適した学習課題（発問）や助言の計画など、教師の周到な戦略・準備が求められる。

「自分の意見を話したり、書いたり」させたり「話し合ったりして意見を交換する」授業は、下手をすると学びが薄くなる危険さえある。そういった学習を有効に生かすためには、「ねらい」や「到達目標」を具体的に設定しておく必要がある。また、その前提として丁寧な教材研究や授業研究が不可欠となる。それらの課題を解決しながら、秋田県の教師はそのような学びの在り方を大事にしてきた。

そういった状況を生み出しているのは、一人一人の教師の努力・力量であるが、同時に学校や地域での組織的な教育研究の取り組みの成果でもある。「国語力向上モデル事業」等の全県レベルでの研究推進への積極的な取り組み、「公開研究会」「水曜研修会」などをはじめとした地域ごとの様々な規模での研修会・研究発表会、各学校とごの校内研修会など、多忙化が進む中で、工夫しながら、研究の成果を上げている。

(3) 補充的な学習・個別指導

秋田県では、多忙化が進む中で、様々な工夫をしながら、補充的な学習や個別指導を多様に実施している。

「放課後を利用した補充的な学習サポート」については、一九年度、小学校で＋二〇・五ポイント、中学校で＋二二・二ポイント、二〇年度、小学校で＋一九・三ポイント、中学校で＋二七・六ポイント、「長期休業期間を利用した補充的な学習サポート」については、小学校で＋一〇・七ポイント、中学校で＋一六・〇ポイントと、いずれも全国平均よりも一〇～二〇％ほど高くなっている。

また、一九年度だけだが、小学校で国語について、「習熟の遅いグループに対して少人数指導、個別指導を行い、習得できるようにしたか」が、＋一五・七ポイントである。

教師が様々なかたちで、子どもたちに補充的な学習を指導していることが分かる。いろいろな事情から授業や家庭で十分に学力を身につけることが出来ない子どもがいる。その際に、補充的な学習は必須と言える。しかし、先生方の多忙化、部活動の指導等によって、実際には実施したくても実施できないというのが、多くの場合だが、秋田県の教師は、様々な工夫によって時間を作り出し補充的な学習を行っている。中学校での一つの工夫として、昼休みと5校時の間に三〇分間の補充的な学習を、年間を通じて実施している取組例がある。この学校では、授業改善による学力の伸張を第一としながら、各学年の教育課程や生徒の実態を踏まえて、この時間に学習する教科や内容を決め、計画的に実施している。

また、これは授業内・授業外を通じてであろうが、少人数学習・個別学習も、より丁寧に行っている。秋田県の場合は、すべての小・中学校が県教育委員会の作成した「少人数学習の推進・充実のためのチェックポイント」を活用して、五月と一一月に、授業や、学校体制、児童生徒の変容を評価し、その結果から短期的、長期的な改善策を立てて取り組むようになっている。

(4)　家庭での子どもたちの復習・予習

家庭での子どもたちの学習習慣も、今回の好結果を支えている可能性が高い。

「家で学校の授業の復習をしているか」は、一九年度、小学校で＋三四・四ポイント、中学校で＋二三・九ポイント、二〇年度、小学校で＋三六・三ポイント、中学校で＋二七・五ポイントと全国平均を大きく上回っている。都市部では、塾などで復習を行っているとも考えられる。そこで、秋田県とほぼ同程度の通塾率の四県と比較してみたが、その結果秋田県は「家で学校の授業の予習」「家で学校の授業の復習」をしていると答えた子どもの数が有意に高い。（四県については、県名を示さない。）

また、一九年度だけの質問だが、「勉強する時間を自分で決めて実行しているか」も、小学校で＋一〇・三ポイント、中学校で＋一〇・二ポイントと、全国平均を上回っている。多くの家庭で学習習慣をつけさせることに成功していると言える。普段「7時より前におきる」子どもが全国平均より、一九年度、小学生で＋一六・六ポイント、中学生で＋一八・三ポイント、二〇年度、小学生で＋一五・三ポイント、中学生で＋一八・〇ポイント多い。また「家の人と普段(月～金曜日)、朝食を一緒に食べてい」る子どもが、一九年度、小学生で＋六・二ポイント、中学生で＋一〇・七ポイント、二〇年度、小学生で＋六・四ポイント、中学生で＋一二・三ポイント多い。これらのデータから、家庭での家族の会話・対話が秋田県の場合、より成立しやすい条件があると考えられる。家族と良好な関係をもちながら、一緒に比較的に規則正しい家庭生活を送っていることが、学習習慣を身につけさせることにつながっている可能性がある。

また、学校からの働きかけが、その傾向を促進している側面もある。東由利地区では、共通に「家庭学習リーフレット」を配布し、学校が父母を励ましながら家庭学習の習慣化に取り組んでいる。横手地区では、家庭学習の在り方を研究している大学の教員を定期的に呼び、父母向けの講演会を企画してきた。学校単位で、家庭学習の習慣化に取り組んでいるケースも少なくない。さらに、(3)で述べた補充的な学習や個別指導の充実が、家庭学習の習慣化に貢献しているという面もある。そこで出された課題を家庭で行い、それを次の学習・指導で丁寧に確認するという取り組みが数多く多く見られる。

一日の勉強時間については、小・中学校ともに、三〇分以上する子どもの割合が全国平均を上回っている。ほとんど勉強しない児童生徒の割合が全国平均より少ないと言える。これは、正答率の低い子どもの割合が全国平均よりも低いことと符合する。ただし、二時間以上と長い勉強時間を確保している子どもは、全国平均より少ない。塾通いが特に少ないという事情との関連が考えられるが、小学校では通塾率のほぼ同程度の県と比較した場合も秋田県はやや少ない。

(5) その他の要因

右以外にも秋田県の好結果を作り出している要因がある。たとえば、学校、県教育委員会、大学が連携して、授業改善の研究に取り組んでいるケースが多い。「国語力向上モデル事業」「学習指導カウンセラー事業」などの全県挙げての事業だけでなく、各地域単位の授業研究に大学教員、指導主事、教師が共同で取り組む件数がかなりの数にのぼる。特に大学教員が、指導主事とともに同一校を年に何回も訪問し、教師集団とともに授業研究を重ねるという事例が、ここ十年で増えた。

既に「2」の(2)で述べたように、地域ごとの様々な規模での研修会・研究発表会、各学校ごとの校内研修会などが、多様に行われ研究成果を上げているが、そこに大学教員が継続的にかかわることも多い。

また、大学教員が小中高に出向いての「出前授業」、大学生の学習チューターの派遣などの「学校大学パートナーシップ事業」なども成功を収めている。

指導主事訪問も、形式的な年一回の訪問というだけでなく、研究授業の事前準備段階から指導主事が深くかかわり、継続的に校内研究を支援していくというケースも少なくない。そこに大学教員がかかわる場合もある。

注

(1) 秋田県検証改善委員会『全国学力・学習状況調査報告書・平成19年度学校改善支援プラン』二〇〇八年およびリーフレット二〇〇九年。

(2) 本稿は、読み研編『研究紀要X』二〇〇八年に掲載した拙稿にもとづき、二〇年度の結果を加えたものである。

V 新学習指導要領を考えるための読書案内——私が勧めるこの一冊

『新小学校学習指導要領改訂のポイント』（柴田義松 監修）

柴田義松（東京大学名誉教授）

二〇〇八年三月告示の新学習指導要領は、教育基本法「改正」後の初の改訂であり、「ゆとり」教育から競争主義教育への転換とともに、新国家主義教育への移行という、これからの日本教育の行方を指し示すものとして重要な意義をもつ。本書は、こうした改訂のポイントを「総則」および「道徳」の内容の検討をはじめとして、各教科・教科外活動のすべてにわたり、それぞれの分野の専門家が批判的検討を行うとともに、これら政策動向に対抗する民間の教育研究運動側の研究や実践の動向をも要領よく紹介しており、類書にない特色をもっているといえよう。

例えば、国語科では「さまざまなテキストと対話する能力の育成」（鶴田清司）、社会科では「開かれた愛国心と市民としての自立をうながす社会認識」（臼井嘉一）、理科では「自然科学の基礎を獲得する理科教育」（小佐野正樹）、図画工作では「教科としての美術教育をめざす」（鈴木五郎）、家庭科では「子どもたちと生活をリアルに総合的に探究・創造する授業を探る」（山田綾）、特別活動では「他者との関係性能力ならびに共生・自治を育てる実践を探る」（折出健二）といった教育のあり方が説かれている。

さらに「コラム」欄が五つ設けてあり、そもそも「学習指導要領とは何を定めたものか—問われてきた〝法的拘束力〟」とか「新旧学習指導要領の対比—各教科の学習内容はこう増える」、さらには「戦後七回改訂の学習指導要領はどのように変わってきたのか」「韓国と中国の小学校英語教育—〝小学校英語先進国〟はどのような教育をしているのか」といった内容の紹介があって大変参考になる。

なお「国語」の改訂の「要点」としては「基本的な知識及び技能の習得とその活用、①「言語活動」の具体化、②PISA型読解力の育成、③言語技術の具体化、④「伝統的な言語文化」に関する事項の新設があげられ、また改訂の「問題点」としては「復古主義的な傾向—活動主義の危惧」、そして今後の実践において新指導要領の新設事項をどう生かしていくかとしては、「話すこと・聞くこと」では、①話題や取材に関する指導事項の新設、②言語技術的な視点、「書くこと」では、①言語活動の自覚化、②道具の相互的作用、③他者との交流・コミュニケーション、「読むこと」では、PISA型読解力の応用などがあげられている。

（日本標準、二〇〇八年、税込二一〇〇円）

『語り合う文学教育第六号』（語り合う文学教育の会 編）

藤原　和好（三重大学名誉教授）

「語り合う文学教育」は、二〇〇二年に、三重国語教育の会、奈良国語の会、枚方どの子も伸びるという三サークルが合併して作られた国語教育の実践研究サークル（語り合う文学教育の会）の機関誌です。二〇〇二年六月に創刊号が出され、以後、年一回発行、現在七号まで出されています。語り合う文学教育の会は、主として文学の実践の検討してきましたが、「語り合う文学教育第六号」は、語り合う文学教育という思想を踏まえて、説明文の分野に踏み込んだ論文や実践を掲載しています。

「語り合う文学教育と説明文の指導」（藤原和好）は、文学教材と説明文教材との共通性と違いを明らかにしたうえで、「今までの説明文の指導は、まったく機械的で無味乾燥なものでした。しかし、説明文はそんなに無味乾燥なものではありません。説明文の背後には、多くの人たちの努力や知恵や情熱があるのです。文章を通して、そういう努力や知恵や情熱と触れあい、自己を啓発していくという営みが、説明文の指導に命を吹き込んでいくことになるだろうと私は思います。」と従来の説明文指導を批判しています。また、「説明文教材の読みにおける筆者との出会い」（守田庸一）も、「説明文教材には、認識や表現といった筆者の営みや、それに伴う心のありようを見出すことができます。言語表現を通して、子どもたちが筆者という未知の存在に出会い、彼らの持つ様々な認識が揺さぶられてその変容が促されること。このことを説明文の読みによって得られるものとしてとらえ、指導の目的として位置づけたいと思います。」と、説明文指導の本来の在り方を指し示しています。「語り合う文学教育第六号」には、そうした立場での説明文の実践「生き物はつながりの中に（六年生）」（庄司たづ子）が掲載されています。また、第七号には、「千年の釘にいどむ」（望月靖子）の実践が掲載されています。これからの説明文指導の方向を指し示すものであると自負しています。

「語り合う文学教育」は市販されていませんが、事務局（〒五一四-八五〇七　三重県津市栗真町屋町一五七七　三重大学教育学部橋本博孝研究室）に申し込んでもらえば、五百円（送料込み）でお届けします。また、語り合う文学教育の会のホームページのアドレスはhttp://homepage3.nifty.com/katariaukai/です。

（語り合う文学教育の会、二〇〇二年三月）

『国語科授業再生のための5つのポイント』（堀江祐爾　著）

足立　悦男（島根大学）

本書は、「国語力」向上の授業改革シリーズの一冊として刊行された。著者のかかわってきた豊富な実践事例をもとに、これからの国語科授業の指針を示した著作である。

本書は、四章で構成されている。

一、小学校で育成するべきこれからの国語力とは

二、国語科授業再生のための五つのポイント

三、国語力を高めるよりよい授業づくり

四、国語科以外でもできる！国語力を高める授業づくり

著者は、これからの国語力の重点を「思考力・表現力の育成」とみて、PISA型読解力をも視野にいれて、二章で次のような五つの提言をしている。

①年間指導計画的な観点を持つ。②「つけたい力」を見通して授業を作る。③学びのめあてをくだく。④「伝え合い」の場を繰り返し設ける。⑤「メタ認知」まで導き学びの自覚化をうながす。

この五つの提言は、すべて実践事例をともなっていて、著者のかかわってきた実践の裏付けによって証明されている。

三章では、国語力を高めるよりよい授業づくりとして、低学年・中学年・高学年の実践事例を取り上げ、分析している。四章では、国語科以外の教科において、国語力を高める授業づくりの事例が紹介されている。

社会科─写真やグラフから情報を読み取り言葉にする。

算数科─文章題のキーワード集め・学習つながり図・学習書き込みプリント。

理科─科学的論理を「理科新聞」に、そして言葉の吟味を。

音楽・図画工作─見えないものをメタ言語化する。

ここでも、取り上げられている実践は、すべて著者のかかわった授業実践である。著者は実に豊富な実践研究を積み上げてきたことがわかる。

「あとがき」によると、著者の堀江氏（兵庫教育大）は、伊崎一夫氏の実践と出会い、伊崎氏とともに、「国語教育の実践と研究をつなぐ会」を作り、毎週金曜日に、自宅で研究会を続けてきた、という。本書では、その「つなぐ会」の成果をもとに、授業改革のための五つのポイントを明らかにした。国語科授業は、これから、どこに行くのか。本書はその一つの道筋を示している。

（明治図書、二〇〇七年、税込一九五三円）

『新学習指導要領に沿ったPISA型読解力が必ず育つ10の鉄則』（有元秀文 著）

木内　剛（成蹊大学）

売るためであろうが、自信たっぷりのタイトルである。著者は、都立新宿高校教諭を経て文化庁国語調査官を務めた後、国立教育政策研究所に移ってから、日本のPISA調査（読解力）で準備段階から問題作成、実施、分析の過程に関わってきた人物である。自ら「PISA型読解力を育てる授業を設計し実施してきた」という。「決して満足のいくものではない」と正直に認めて嘆きつつも、「子どもたちが、楽しいと言い」、「熱狂的に盛り上がる授業が実現している」とアピールしている。本書では、盛り上がるだけでなく、肝心なPISA型読解力をつけるという願いから、必要かつ十分なポイントを伝えようとしている。

内容は、PISA型に対する10の誤解を解き、「楽しい授業でPISA型読解力が必ず育つ10の鉄則」を提示することが主体であるが、PISAの読解力の特徴や関連する視点についても説明している。10の鉄則とは、①PISA型も興味深く刺激的な発問を工夫する、②校内で発問づくりの自己研修を行う、③子どもたちに発言させる前に、PISA型発問について子どもたちにワークシートを書かせる、④ワークシートを書いているときに机間巡視でPISA型の答え方を徹底して指導する、⑤人の意見を聞く訓練を徹底する、⑥グループ討論の時間をタップリとり、課題解決型の討論を行わせる、⑦PISA型テストを自作し評価する、⑧課外読書を単元ごとに行い、読んだ後に意見交流を行う、⑨ティーチャー・ブック・トークを行う、⑩自分の授業をPISA型の観点で評価する、である。学習のあり方や授業のやり方を具体的に説明している。

目標、内容としてとくに強調しているのはクリティカル・リーディングである。そして、試験問題でよく見られる「『それ』とは何を指すか」といったような部分的な読みではなく、文章全体をとらえたうえでの読みとりとそれを示すような表現を重視するものであると指摘する。納得のいく主張である。また、全国学力調査国語BとPISAの違いについての説明は、微妙だが確かに違いがあることを分からせてくれて面白い。

PISA型対応の授業を目指し、手っ取り早くその要点を掴みたい方には、心強い指南書である。とはいえ、本書を読む場合も、クリティカル・リーディングの能力を全開にして臨むことを忘れないで欲しいと願う。

（明治図書、二〇〇八年、税込一八四八円）

『こんな日本でよかったね―構造主義的日本論』（内田 樹 著）

須貝 千里（山梨大学）

内田樹さんは、「『言いたいこと』は『言葉』のあとに存在し始める」他の文章で「国語教育」について論じている。「『言いたいこと』がまずあって、それが『媒介』としての『言葉』に載せられる、という言語観が学校教育の場では共有されている。だが、この基礎的知見は果たして適切なのか。／構造主義言語学以後（つまり百年前から）、理論的には言語とはそのようなものではないことが知られている。／先行するのは『言葉』であり、『言いたいこと』というのは『言葉』が発せられたことの事後的効果として生じる『幻想』である。（中略）／とりあえず、それがアカデミックには『常識』なのだが、教育の現場ではまだまったく『常識』にされていない」というように。そして「リアルなのは言葉だけである。言葉の向こうには何もない。けれども言葉は『言葉の向こう』があるという仮象をつくりだすことができる。／『言葉以上のものがある』と信じさせることは言葉にしかできない。それが言葉の力なのである」というように、である。

内田さんの「国語教育」についての提起に向き合っていくためには、いくつかの関門がある。ソシュールは「言葉はモノの名前ではない」と言った。ウィトゲンシュタインは「語り得ぬものについては沈黙せねばならぬ」と言った。こうした提起が「構造主義言語学」であり、「言語論的転回」とも言われていることであるが、氏も言うように、このことを国語科教育が受け入れるのかどうか、これが第一の関門。しかし、このことを受け入れるならば、「言葉の向こう」？というようなことは、一端は首をかしげなければならない。「言葉」しかないのだから。しかし、その上で氏の提起の核心が「言葉の向こう」の「仮象」問題の提起にあると把握し直し、このことを受け入れるかどうか、これが第二の関門。このことを受け入れるならば、「仮象」の根拠とは何か、氏の説明で納得しうるかどうか、これが第三の関門。

しかし、内田さんの「言葉の向こう」は「私の中の〈他者〉」として問題にされている。「自分の眼にはウロコが入っているということをいつも勘定に入れて、『自分の眼に見えるもの』について語る」というように、「構造主義」に依拠する内田さんは、そのようにしか語ることができない。「了解不能の、到達不可能な《他者》」問題として、「仮象」の根拠を語ることができない。

こうしたことは「新学習指導要領」に向きあっていくときにも問われている。

（バジリコ 二〇〇八年、税込一六八〇円）

V　新学習指導要領を考えるための読書案内──私が勧めるこの一冊

『中学校・高等学校ＰＩＳＡ型「読解力」─考え方と実践─』（田中孝一監修　西辻正副・富山哲也編）

田中洋一（東京女子体育大学）

平成二〇・二一年に告示された学習指導要領国語は、言語を活用する能力の育成を目指している。このような方針が生まれた原因の一つには、ＯＥＣＤが実施したＰＩＳＡ調査の結果がある。二〇〇〇年、二〇〇三年、二〇〇六年と三回にわたり実施されたこの調査の結果、日本の子供たちの学力は全体的には上位にあるものの低下傾向にあることが分かった。なかでも二〇〇三年の調査では、Reading Literacyの低下が明らかになった。日本の子供たちは書かれている情報を正しく理解する力はあるものの、読み取った情報を解釈したり、熟考・評価したりする力に課題があることが分かったのである。また、読書意欲の低さや記述式問題に対する無答率の高さも課題となった。ＰＩＳＡ調査や同時期に行われたＴＩＭＳＳ調査の結果を受けて、文部科学省は読解力向上プログラム（平成一七年一二月）を策定した。その中では、図や表などの非連続型テキストを含む多様なテキストを教材として使用することの必要性や、「情報の取り出し」から「理解・解釈・熟考・評価」へという読みのプロセスを重視した学習の大切さ、また、文章の内容について自分の考えを書くなどの活用型の読みの重要性が強調された。新学習指導要領はこれらの考え方を継承しているのである。

本書は読解力向上プログラムの策定や、中学校・高等学校学習指導要領の作成に関わった文部科学省初等中等教育局視学官、同教育課程課教科調査官の手によるものである。

内容は次のとおりである。

第１章　ＰＩＳＡ型「読解力」の背景と展望

第２章　ＰＩＳＡ型「読解力」向上への取組

第１部　中学校におけるＰＩＳＡ型「読解力」指導の意義と方法

中学校・国語科の実践の在り方　他

第２部　高等学校におけるＰＩＳＡ型「読解力」指導の意義と方法

高等学校・国語科の実践の在り方　他

第３章　外国における読解力向上の取組

本書に示されたＰＩＳＡ型「読解力」向上の方針と方策は、新学習指導要領における指導事項や言語活動例などに反映されている。したがって本書は新しい国語教育の方向を示すものであるといえる。熟読しておきたい書である。

（明治書院、二〇〇七年、税込二一〇〇円）

V　新学習指導要領を考えるための読書案内――私が勧めるこの一冊

『語りに学ぶコミュニケーション教育』（上・下巻）（寺井正憲 編著）

甲斐雄一郎（筑波大学）

「伝え合う力を高める」という目標が現行の学習指導要領（国語科）に位置づけられて以降、その達成は国語教育の重要な課題となった。言語活動例の詳細な提示などによって知られるように、新学習指導要領においてこの課題はさらに鮮明となっている。そしてこの課題と密接に関連するのが「人間関係を育てる」という課題であろう。総則において「配慮すべき事項」とされてきた「日ごろから学級経営の充実を図り、教師と児童の信頼関係及び児童相互の好ましい人間関係を育てる」ことは、新学習指導要領にもそのまま引き継がれているのである。

では学級経営の充実は、伝え合う力を高める学習に先行して行われる別種の課題なのか。この問いを明瞭に否定するのが寺井正憲氏である。寺井氏の編著による本書は序、理論編としての第Ⅰ部、実践編としての第Ⅱ部（以上、上巻）・第Ⅲ部（下巻）から構成される。ここでは副題を「コミュニティを育てるコミュニケーション教育」とされた上巻を中心に紹介する（下巻の副題は「コミュニケーション能力を向上させる学習指導」）。

寺井氏は「学級が学級としてあるのは、制度として学級があるからではなく、その中で行われるコミュニケーションが人々を結び付けることで学級がコミュニティとなるからである」とする（序）。この立言は、「伝え合う力を高める」ことをそれ自体で完結する目的とするのではなく、それによって達成しうるものを見定めることの重要性を強調したものとして受け止めることができる。第Ⅱ部に展開されているのはこの主張に即した実践例10編である。それらは〈1こんなコミュニティをつくりたい、2コミュニティづくりと国語教育、3授業づくりの戦略、4授業の実践、5まとめ〉の5項目を共通の柱として記述されている。

個々の執筆者によって、とくに1と2についての記載の仕方には幅がある。それは一人一人の執筆者にとっての、自ら選択した教師という職業と出会い直す経緯の幅として理解することができるように思われる。なぜならばどのようなコミュニティをつくりたいのか、という問いは、とりもなおさずどのような人間関係が「好ましい人間関係」なのか、さらには自ら希望した教師という仕事でなしたい仕事は何であったのか、という内省と不可分の問いだからである。そして寺井氏の執筆による本書の理論編全6節には、そのような内省を促す力が漲っている。

（明治図書、二〇〇七年、税込上巻二五二〇円　下巻二二六八円）

『思考力育成への方略―メタ言語・自己学習・言語論理―〈増補新版〉』（井上尚美 著）

小田　迪夫（元大阪教育大学）

学習指導要領の記述の中で、理解のもっとも難しい言葉は「思考力」であろう。このたびの改訂学習指導要領の理解のために作られた『学習指導要領解説・国語編』によると、改訂の基本的なねらい三項目の一つに「知識・技能の習得と思考力・判断力・表現力等のバランスを重視すること」とある。また「論理的に思考し表現する能力」の育成を重視するという文言もある。

「思考力・判断力・表現力」は「総合的な学習（問題解決学習）」において育てる能力としてクローズアップされた。しかし、「総合的な学習」の多くはめざす成果をあげることができなかった。その一因は、教師全般に「思考力」についての具体的な知識や理解が欠如している点にあると考える。

「目標」の解説に「思考力や想像力などは認識力や判断力などと密接にかかわりながら、新たな発想や思考を創造する原動力となる」とあるが、それらの力のかかわりを具体例を示して説明できるようでなければ、それらの力を育てる授業を作り出すことはできない。

ここに挙げた著書は、『学習指導要領解説』の「思考力」をさらに分析的、具体的に説明できる力を養うことができる理論書である。

井上尚美氏は、東大哲学科に学ばれたが、当時の古典的な形而上学を中心とする講義に飽き足りず、記号論や一般意味論などの新しい言語哲学を独力で学び、海外留学等で研究を深めて、それを基に、国語科に欠けている思考指導を「言語論理教育」として推し進める研究に邁進された。

本書は、「まえがき」によれば、一貫するテーマは「どうすれば子どもの思考能力を向上させることができるか」ということで、その理論的根拠と具体的方策を述べたものであるという。

井上尚美氏の著書・論文は、そのすべてに言えることであるが、学術的に高度な内容がきわめて平易明快に記述されている。〈論理的表現はかくあるべし〉の典型を示す文章であるといってよい。その述べ方にも学んでほしい。

なお、巻末に「言語論理教育」指導要領（試案）が示されている。論理的思考・表現に関するバイブルとして、『学習指導要領』の〈話す・聞く、書く、読む〉能力の指導事項や「言葉の特徴やきまりに関する事項」を「思考力」育成に関係づけて捉えることに活用してほしい。

（明治図書、二〇〇七年、税込二七三〇円）

『授業づくりのための「説明的文章教材」の徹底批判』（阿部　昇　著）

内藤　賢司（読み研運営委員）

新しい学習指導要領の「読むこと」の中で注目されるのは「評価」「批評」の事項が取り上げられたことである。読み研では「吟味よみ」という位置づけで、早くから研究・実践をしていたものだ。

これまでの国語教育では、教科書教材を批評することが避けられてきたように思う。しかし、教材を対象化してみるということは「読むこと」の重要な課題であるのだ。これからの社会を生きていく子どもたちに、情報を吟味する力をつけさせてやる必要があるからである。

さて、それではどのように実践していけばよいのか。現場ではその点こそが知りたいところである。本書は、これに正面から応えていこうとするものである。

著者は、読み研代表の阿部昇氏。氏はいち早く、この「吟味よみ」の必要性を提起されていた。この本によって、私たちは、説明的文章における指導の方向性・順序性を確かなものにすることができるようになったと思う。

第一部は、理論編。「説明的文章の読み方指導」ということで、「構造よみ・論理よみ・吟味よみ」についての体系的な指導方法・研究方法を提案している。

第二部は、実践編である。小学校から高校までの有名教材を使って、「構造よみ・論理よみ・吟味よみ」をそれぞれ具体的に分析している。極めて実践的な提案なのである。

「吟味よみ」を指導過程に位置づけた提案は、この本が初めてではなかったか。「構造よみ・論理よみ」が授業の中でしっかり展開されると、文章のおかしい部分も見えてくる。「吟味よみ」が必要になってくるのだ。その具体的なやり方については、本書を見ていただくしかないが、①主に「ことがら（事実・意味）」に関しての吟味、②主に「論理」に関しての吟味、③「筆者はなぜ、そのような不十分な書き方をしたのか」についての吟味、の三つの大項目のもとに、さらに小項目としての細かな吟味の視点を提示している。

私はこの本との出会いによって、教材の分析方法をしっかり学ぶことができた。もちろん「吟味よみ」の必要性にも気づかされたものである。

新学習指導要領を早々と先取りしていた本書を、ぜひ多くの方々に読んでもらいたいと思う。同じ著者による『文章吟味力を鍛える―教科書・メディア・総合の吟味』（明治図書）の本も手に入れたい一冊である。

（明治図書、一九九六年、税込三四六六円）

『二〇〇八年版　学習指導要領を読む視点』（竹内常一 他 共著）

竹田博雄（大阪府・高槻中学・高等学校）

現在、新学習指導要領（以下「新要領」）に対応した教科指導関連の書籍が数多く出版されている。それらを入手し、利用しようとすることは容易である。それに比して我々は、新要領そのものを深く読み込んでいくという作業を、苦手としてはいないだろうか？　新旧対照表などを頼りに文言の差異に着目することはできる。けれど、そこから何を読み取るべきなのかということになると、見解一つ持つこともなかなか困難であるとはいえないだろうか？

本書は、新要領のどこを読み、どんな意味を読み取ればいいのかを考えようとする際に、絶好の指標を与えてくれる参考書である。

本書が面白いのはまずコンセプトで、それは「二〇〇八年版学習指導要領をさまざまな視点から批判的に読み解いて」（四頁）いるという点である。そこに手引書や解説書とは一線を画す所がはっきりと見てとれる。

内容にも特色があり、一つは、特定の教科だけでなく「総論」から「特別活動」まで網羅して論じていることである。他教科の内容も分かって興味深い。

また章毎に分担執筆していることもよい。一人がものしたものからは、当たり前だが読み方や見解が一つしか出ないからである。

三つ目に小・中などの校種を限定していないことが挙げられる。出版時、高校新要領の告示前であったので、触れられているのは小・中の新要領だが、どちらか一方に偏ることもなく縦断的に俯瞰した論述が多く、分かりやすい。

一つ例を引く。「第4章　国語」の中で阿部昇は小中各学年の「内容」を具体的に示しつつ、その設定の必然性に疑問を呈し「身に付けさせるべき国語科の教科内容（能力）の全体像（グランド・デザイン）を示し、その上で各学年の重点内容を展開していくという提示方法が検討されてよい。」（六七頁）と教科の体系化・系統化を主張している。

本書は指導要領をどんな構えで読んで行けばよいのかを示唆してくれる点で大変参考になる良書である。ただ展開される主張は、当然のことながら主張にとどまっており、具体的に「授業」でどう実践していくのかという具体案までは示されていない。

しかし、そこまで期待するのは、読み手の依頼心が過ぎるというべきであろう。

（白澤社、二〇〇八年、税込二一〇〇円）

【編集委員紹介】

阿部　昇（あべ　のぼる）

秋田大学教育文化学部教授。

科学的『読み』の授業研究会代表、日本教育方法学会常任理事、全国大学国語教育学会理事、日本NIE学会理事。

〈主要著書〉『文章吟味力を鍛える――教科書・メディア・総合の吟味』明治図書出版、『授業づくりのための「説明的文章教材」の徹底批判』明治図書出版、『徹底入門・力をつける「読み」の授業』学事出版、『頭がいい子の生活習慣―なぜ秋田の学力は全国トップなのか』ソフトバンク・クリエイティブ、他。

加藤　郁夫（かとう　いくお）

初芝立命館高等学校教諭。

科学的『読み』の授業研究会事務局長。

〈主要著書〉『教材研究の定説化「舞姫」の読み方指導』、『科学的な「読み」の授業入門』[共著]東洋館出版社、『日本語の力を鍛える「古典」の授業』明治図書出版、他。

柴田　義松（しばた　よしまつ）

東京大学名誉教授。

総合人間学会副会長、日本教育方法学会常任理事。

日本教育方法学会代表理事、日本カリキュラム学会代表理事などを歴任。

〈主要著書〉『21世紀を拓く教授学』明治図書出版、『「読書算」はなぜ基礎学力か』明治図書出版、『学び方の基礎・基本と総合的学習』明治図書出版、『ヴィゴツキー入門』子どもの未来社、他。

丸山　義昭（まるやま　よしあき）

新潟県立長岡大手高等学校教諭。

科学的『読み』の授業研究会運営委員。

〈主要著書〉『教材研究の定説化「こころ」の読み方指導』明治図書出版、『科学的な「読み」の授業入門』[共著]東洋館出版社、他。

国語授業の改革９
新学習指導要領をみすえた新しい国語授業の提案
――「言語活動」「言語能力」をどうとらえるか

2009年８月25日　第１版第１刷発行
2011年８月10日　第１版第２刷発行

科学的『読み』の授業研究会［編］
（編集代表：阿部昇／加藤郁夫／柴田義松／丸山義昭）

発行者　田　中　千津子
発行所　株式会社　学　文　社

〒153-0064　東京都目黒区下目黒３-６-１
電　話　03（3715）1501㈹
ＦＡＸ　03（3715）2012
振　替　00130-9-98842
http://www.gakubunsha.com

印刷所　メディカ・ピーシー

ISBN 978-4-7620-1988-3